Katja Bernhardt

Unterwegs mit leichtem Gepäck

Über die Autorin

Katja Bernhardt, Jahrgang 1969, ist verheiratet und Mutter
von zwei erwachsenen Töchtern. Sie ist examinierte
Kinderkrankenschwester und war bis 2005 in diesem
Beruf tätig. Von 2005 bis 2008 absolvierte sie eine
theologische Ausbildung am CVJM-Kolleg in Kassel.
Seitdem arbeitet sie als freiberufliche Gemeindereferentin
auf Honorarbasis. Überregional wurde sie bekannt als
Moderatorin des *Filia*-Frauentages und als Referentin für
Frauenfrühstückstreffen. Mehr Informationen finden Sie
unter www.katja-bernhardt.de

Katja Bernhardt

Unterwegs mit leichtem Gepäck

Vom Umgang mit Sorgen im Alltag

Für Anna und Lara!
Mein Herz ist voller Dankbarkeit, wenn ich an euch denke
und meine Lebensreise wäre ohne euch um vieles ärmer!
Möget ihr eure Straße fröhlich ziehen und Jesus eure Wege
begleiten und segnen.
In Liebe, eure Mama

Inhalt

Einleitung

Wandern ist eine Tätigkeit der Beine – und ein Zustand der Seele.
Josef Hofmiller

Über die abgeernteten Stoppelfelder wehte der Herbstwind und wirbelte das Laub von den Bäumen. Die Oktobersonne verzauberte die Natur in strahlendes Gold. In der Luft lag der Duft von frisch gebackenem Apfelkuchen. Es war Herbst und dieser Tag schien für eine Wanderung perfekt zu sein.

Ich griff also zum Telefon, wählte die Nummer meiner Schwester, und nach einem kurzen Telefonat zogen wir die Wanderschuhe an und stiegen ins Auto. Die Kinder freuten sich auf die gemeinsame Tour mit Cousin und Cousine. Gegen 14:00 Uhr trafen wir am verabredeten Treffpunkt ein, parkten unser Auto und warteten. Kurze Zeit später bog der Wagen meiner Schwester um die Ecke und wir begrüßten einander herzlich.

Gleich darauf öffnete mein Schwager den Kofferraum und holte den großen Wanderrucksack meiner Schwester heraus. Schwungvoll setzte sie ihn auf ihre Schultern und sagte: „Es kann losgehen!"

Plötzlich war ich irritiert. Hatten wir nicht vereinbart, rund zwei Stunden zu laufen, und sollte unser Ziel nicht eine Jausenstation sein, in der man mit allerlei Köstlichkeiten versorgt wurde? Wofür um alles in der Welt brauchte sie diesen schweren Rucksack?

„Was hast du denn alles dabei?", fragte ich sie noch immer verwundert.

„Gekühlte Getränke, denn Kinder haben immer Durst, belegte Brote gegen aufkommenden Hunger, Pflaster und Verbandszeug für die eine oder andere Katastrophe!"

Während meine Schwester noch immer damit beschäftigt war, uns den Inhalt ihres Rucksacks mitzuteilen, fühlte ich mich mehr und mehr wie eine Rabenmutter. Wie konnte ich nur davon ausgehen, dass meine Kinder zwei Stunden ohne all das auskommen würden? Statt eines schweren Rucksacks hatte ich einfach nur das Portemonnaie in die eine und das Handy in die andere Jackentasche gesteckt. Doch daran konnte ich auch nichts mehr ändern, denn die Kinder waren längst vorausgelaufen, und so gingen dann auch wir Erwachsenen los.

Nach einer Weile legte sich mein schlechtes Gewissen und ich begann den Weg, das Wetter und unsere Gemeinschaft zu genießen. Diese neue Tour war wirklich abwechslungsreich, die Landschaft herrlich und es gab viel zu erzählen. Das Unterwegssein machte mir an diesem Tag besonders viel Freude.

Nach gut einer Stunde bat meine Schwester um eine kurze Rast. Der Rucksack drückte auf ihren Schultern und ihre Schritte wurden immer schwerer. Erleichtert stellte sie für eine

Weile ihren Rucksack ab, bevor wir unsere Wanderung fort-
setzten. Als wir nach gut zweieinhalb Stunden unser Ziel er-
reicht hatten, war sie überglücklich. Während ich unbeschwert
und fröhlich hatte wandern können, hatte sie ihre Last mit
dem schweren Gepäck gehabt. Und soll ich Ihnen verraten,
wie oft meine Schwester den Rucksack geöffnet hat? Nicht
ein Mal!

Der Proviant reichte vermutlich noch für die ganze nächste Woche, denn keiner hatte während unseres Ausflugs Hunger oder Durst gehabt. Zum Glück waren auch Pflaster und
Verbandszeug nicht zum Einsatz gekommen.

In der Jausenstation genossen wir die Köstlichkeiten des
Gastwirts und ließen uns die Herbstsonne ins Gesicht strah-
len. So gestärkt und erholt fiel uns der letzte kurze Abschnitt
bis zum Auto nicht mehr schwer. Schließlich verabschiedeten
wir uns in der untergehenden Sonne herzlich voneinander.

„Versuch es doch bei unserer nächsten Tour mal mit etwas
weniger Gepäck", rief ich meiner Schwester noch zu, bevor
die Autotür ins Schloss fiel und der Wagen sich in Bewegung
setzte.

Auf der Heimfahrt dachte ich noch eine Weile über diesen
schönen Tag nach. Immer wieder kam mir der schwere Rucksack meiner Schwester in den Sinn. Dieses Bild prägte sich
tief in mich ein. Schade, dass sie die Wanderung nicht so hatte genießen können wie ich, weil sie sich mit dem schweren
Rucksack abgeschleppt hatte. Hatte sie möglicherweise unnötig viel Gepäck mitgeschleppt? Hätte ich den Rucksack nicht

eine Weile für sie tragen können? Was von dem Inhalt ihres Rucksacks war hilfreich und notwendig, was war überflüssiger Ballast gewesen? Allmählich wurde mir bewusst: So wie sie heute ihren schweren Rucksack getragen hat, so wandern wir oft im übertragenen Sinn mit Sorgen und schwerem Gepäck beladen durch unseren Alltag.

Unser Leben gleicht einer Wanderung. Die meisten Tage fällt uns das Wandern nicht schwer, der Weg ist eben, das Wetter perfekt, die Umgebung ein Traum und unsere Energie reicht für die kleinen und großen Herausforderungen des Alltags. Den Rucksack auf unseren Schultern spüren wir kaum, er ist leicht und wir haben keine Mühe, ihn zu tragen. Neugierig und voller Tatendrang wollen wir die Welt erobern, entdecken und genießen.

Aber dann gibt es Tage, da fällt das Wandern schwer. Der Weg ist uneben, die Strecke endlos weit, der Berg zu steil, die Weggefährten anstrengend und unsere Füße schwer wie Blei. Der Rucksack auf unserem Rücken macht uns das Vorankommen schwer, die Last drückt uns nieder und wir fragen uns, wie lange wir so noch durchhalten können. Wenn auf solchen Wegstrecken der Rucksack leichter wäre, würden wir besser über den Berg kommen und unser Ziel erreichen.

Es gehört zu unserem Lebensweg dazu, dass wir uns verirren, vom Weg abkommen oder bewusst ungeebnete Wege gehen. Hin und wieder landen wir in Sackgassen und sind gezwungen umzukehren. Manche Umleitung müssen wir auf unserem Weg in Kauf nehmen und manchmal machen wir auch die Erfahrung, dass wir zu spät kommen, obwohl wir uns so beeilt haben. Oder wir hetzen und jagen durch den Tag und vergessen dabei, dass uns eine Rast guttun würde. All das gehört zum Unterwegssein dazu.

Sind Sie schon einmal im Hochgebirge mit dem falschen Schuhwerk unterwegs gewesen? Dort wird es umso wichtiger, die richtige Ausrüstung dabeizuhaben, je näher Sie dem Gipfel kommen. Wanderschuhe ohne Profil können gar gefährlich werden, wenn Geröll bewältigt werden muss, und manche Engpässe kann man nur überwinden, indem man sich mit Klettergurt und Haken sichert. Für unsere Lebensreise ist es darum wichtig, dass wir gut ausgerüstet sind und dass wir darauf achten, die richtigen Wege zu beschreiten.

„Wandern mit leichtem Gepäck – vom Umgang mit Sorgen im Alltag". Sicher kennen Sie auch aus Ihrem Leben Zeiten, in denen die Sorgen und Ängste Sie niederdrücken und die Kraft für den nächsten Schritt fehlt. Möglicherweise befinden Sie sich gerade im Moment auf einer solchen Wegstrecke. Gut gemeinte Sprüche wie „Nimm's leicht!" oder „Kopf hoch, das wird schon wieder!" erweisen sich dann nicht als besonders hilfreich und klingen eher wie Hohn und Spott in unseren Ohren. Gibt es neben solchen Sprüchen aber nicht vielleicht doch hilfreiche *Wandertipps*, die mir helfen können, meine Lebensreise zu gestalten?

Deshalb ist die Frage berechtigt, wie unsere Lebenswanderung gelingen kann, ohne dass uns unser Lebensgepäck in die Knie zwingt und uns am Weitergehen hindert. Können wir lernen, mit leichtem Gepäck zu wandern? Wie werfen wir unnötigen Ballast ab, und was hilft uns dabei, unseren Lebensweg mit Freude zu gehen und zu genießen? Woher nehmen wir in schweren Zeiten Kraft und Mut für den nächsten Schritt? Wie kann es weitergehen, wenn die Last kaum noch zu tragen ist?

Darf ich Sie fragen, mit wie viel Sorgengepäck Sie derzeit unterwegs sind? Fällt Ihnen das Wandern gerade leicht oder lastet der Sorgenrucksack schwer auf Ihren Schultern? Mit diesem Buch möchte ich Sie einladen, einmal innezuhalten und einen Blick auf Ihre Lebensreise zu werfen. Ich würde gern gemeinsam mit Ihnen ein Stück Ihres Weges gehen und dabei entdecken, dass sich die Lebenswanderung lohnt, auch wenn die Reise nicht immer nur über grüne Wiesen führt. Ich wünsche Ihnen gute Entdeckungen, ermutigende Tipps und die Erkenntnis, dass es letztendlich nicht darauf ankommt, was wir tragen, sondern wie wir es tragen!

„Guten Morgen liebe Sorgen"

Auf dem Weg durchs Leben kann man den Wind nicht immer im Rücken haben.
Sprichwort aus Irland

Wir waren auf einem Wanderurlaub im Allgäu. Eine Woche die Berge erklimmen, Natur genießen und abends entspannen. Das klang gut! Am ersten Urlaubsabend schmiedeten wir in der Hotelbar bei einem Glas Wein Tourenpläne für die nächsten Tage. Mal etwas anspruchsvoller, mal leichter! Als am nächsten Morgen die Sonnenstrahlen in unser Zimmer fielen, hielt uns nichts mehr in den Betten. Für diesen Tag hatten wir uns eine anspruchsvolle Tour vorgenommen und nach einem ausgiebigen Frühstück schnürten wir die Schuhe und zogen los. Unsere Wanderung führte vorbei an saftigen Wiesen, auf denen die Kühe grasten, und gegen Mittag machten wir unsere erste Rast an einem herrlichen Bergsee. Die Sonne verwandelte den See in eine blau-grün schimmernde Lagune. Die Klarheit und Reinheit des Sees beeindruckten uns. Wir konnten sogar bis auf seinen Grund schauen und einen Fischschwarm beobachten, der sich in ihm tummelte.

Von dort an sollte es für die nächsten zwei Stunden stetig bergauf gehen. Zwischendurch war es recht beschwerlich, der Weg wurde schmaler und unsere Tritte unsicherer. Unsere Wanderstöcke leisteten uns zwar gute Dienste, doch die Hitze machte uns immer mehr zu schaffen. An der Bergstation angekommen, genossen wir vor der Almhütte in der warmen Sonne eine kühle Milch und eine leckere Jausenplatte mit köstlichem Bergkäse. Diese Stärkung hatten wir uns nach dieser Anstrengung wirklich verdient.

Schnell waren wir uns einig: Der Aufstieg hatte sich gelohnt, denn der Blick schien unendlich weit über die Berge hinauszugehen, die Welt unten im Tal war fern und fast unerreichbar. Wir fragten uns, ob es wohl noch ein Stück höher ging. Und weil wir beide an diesem Nachmittag Lust auf ein kleines Abenteuer hatten, so wie Kinder, die ohne lange zu überlegen einfach ihren Wünschen folgen, verließen wir die markierten Wanderwege und gelangten nach einer Weile zu einer kleinen Bergwiese, die wir an diesem Nachmittag ganz für uns allein hatten.

Wir lagen nebeneinander im Gras und nach einer Weile des Schweigens wurde mir bewusst, wie herrlich die Ruhe auf diesem Berg war. Nichts von dem Lärm aus dem Tal drang zu uns nach oben auf den Berg, kein Laut war zu hören, nicht einmal mehr das Zwitschern eines Vogels. Wann hatte ich zuletzt so eine Stille erlebt?

Langsam fiel die Hektik und Anspannung der letzten Monate von mir ab – ich war im Urlaub angekommen! Für einen

Moment fühlte ich mich leicht, unbeschwert und frei. Wie herrlich konnte das Leben sein.

„So muss es sich wohl anfühlen, das leichte, unbeschwerte und sorglose Leben", hörte ich mich sagen und tief in mir fühlte ich die Sehnsucht, dass dieser Moment noch lange anhalten möge.

Locker, leicht und unbeschwert, ohne Last von gestern und ohne Angst vor morgen leben. Den Rucksack für eine Weile von den Schultern nehmen, neben sich abstellen und aufatmen. Sorgenfrei und ungetrübt. Das wäre was. Mitten im Alltag mal auf die Almwiese fliehen, in den blauen Himmel schauen, frei sein von allem „du musst" und „du sollst" – einfach nur sein.

Wie gut, dass solche Bergerfahrungen zu unserem Leben gehören. Wie gut, wenn wir innehalten können, genießen und uns frei und unbeschwert fühlen. Wie wunderbar, wenn nichts uns niederdrückt und belastet.

Aber unser Leben spricht eben auch noch eine andere Sprache. Wir kennen Tage, an denen uns die Leichtigkeit fehlt, wo wir niedergeschlagen, bedrückt und sorgenvoll einen Fuß vor den anderen setzen. Tage, an denen graue Wolken die Sonne fernhalten und dichter Nebel uns die Sicht versperrt. Wir kennen Gefahren und Gefährdungen, wissen, wie sich Trauer und Verlust anfühlen. Wir fürchten die Schrecksekunde, die von einer auf die andere Minute unser Leben komplett verändert und uns zwingt, unser

Leben in neuen Bahnen zu leben. Ängste lähmen uns, unseren Alltag zu gestalten und sorgenvolle Nächte rauben uns den Schlaf.

„Werde ich die Prüfung morgen bestehen?"

„Was erwartet mich, wenn der Arzt mir die Ergebnisse der Untersuchung mitteilt?"

„Wird unsere Ehe diese Krise überstehen?"

„Wie soll es weitergehen, wenn mein Mann keinen Job mehr findet?"

Sorgen gehören zu unserem Leben und ein sorgloses Leben wird es auf dieser Erde nicht geben. Keiner von uns empfindet Sorgen als besonders angenehm, aber bis zu einem gewissen Maß sind sie völlig normal! Jesus selbst hat gesagt: *In der Welt habt ihr Angst (Johannes 16,33)*.

Und gleichzeitig lädt er uns ein, mit unseren Sorgen einen gesunden Umgang zu finden, wenn er in der Bergpredigt die Menschen dazu auffordert: *„Seht die Vögel unter dem Himmel an! Sie säen nicht, sie ernten nicht, sie sammeln nicht in die Scheunen; und euer himmlischer Vater ernährt sie doch!" (Matthäus 6,26)*.

Wer einen gesunden Umgang mit Sorgen erlernen möchte, findet in der Bibel zahlreiche gute „Ent-sorgungstipps". Und wer sich nach gelingendem Leben sehnt, sollte sich an dem orientieren, der das Leben erfunden hat: Gott, unser Schöpfer.

Das Wort „Sorge" bedeutet so viel wie Kummer oder Grauen. Sorgen können quälende Gedanken oder ein bedrückendes Gefühl der Angst und Unruhe sein (Definition aus dem Duden).

Vor einiger Zeit kam ich mit einer guten Bekannten während einer längeren Autofahrt ins Gespräch. Wir unterhielten uns über die Arbeit, unsere Pläne und Wünsche für die nächste Zeit und natürlich auch über unsere Familien. Ich merkte, wie sie immer nachdenklicher wurde und dann erzählte sie von ihrem Sohn: „Mein Sohn fährt seit einigen Monaten Motorrad und seitdem habe ich jeden Tag große Angst, dass er mit diesem Motorrad verunglückt. Wenn er unterwegs ist, kann ich kaum an etwas anderes denken und ich fürchte, dass er auch nicht besonders vorsichtig fährt. Seit er den Führerschein hat, ist die Angst mein täglicher Begleiter!"

„Da hast du dir aber einen schlechten Begleiter für deinen Alltag ausgesucht", erwidere ich, ohne lange zu überlegen.

Dabei sollten Begleiter auf unserem Weg eigentlich unserer Unterstützung dienen. Wir finden dafür ein Beispiel in der Musik, wo ein Instrument den Gesang begleitet und dadurch die Stimme noch mehr hervorhebt. Oder im Bereich des Personenschutzes, wenn ein Begleiter dafür sorgt, dass die ihm anvertraute Person sicher an ihr Ziel kommt. Oder auch die Sterbebegleitung, die Beistand leistet auf dem letzten Weg eines Menschen. In all diesen Fällen sind Begleiter hilfreich und erleichtern uns das Vorankommen.

Die Angst als ständiger Begleiter hat allerdings eine negative Wirkung, denn sie hemmt unser Vorankommen und blockiert uns auf unserem Weg. Angst bremst uns aus, macht uns unsicher und mutlos. Eltern, die in der ständigen Angst um ihre Kinder leben, hemmen sich und ihre Kinder am Vorwärtsgehen.

Welche Begleiter haben Sie auf Ihrem Weg? Ist es auch die Angst, die sich jeden Tag zu Ihnen gesellt und auf Schritt und Tritt Ihren Weg begleitet?

An diesem Beispiel wird ein wesentliches Kennzeichen der allermeisten Sorgen deutlich: Sorgen beziehen sich in der Regel auf Ereignisse, die in der Zukunft liegen. Sobald wir irgendwo eine Gefahr vermuten, entstehen in unseren Köpfen die schlimmsten Befürchtungen und Szenarien. Dunkle Wolken brauen sich über uns wie ein Gewitter zusammen und wir fürchten, dass das Gewitter sich im nächsten Moment über uns entlädt. Solche Sorgen rauben uns die Kraft, im Hier und Heute zu leben. Weil wir uns ständig sorgenvoll und ängstlich mit der Zukunft beschäftigen, verlieren wir den Blick für all das Schöne und Gute, das uns gerade umgibt. Dabei machen alle Sorgen um die Zukunft die Zukunft weder berechenbarer noch sicherer.

Mediziner haben nachgewiesen, dass Sorgen und Ängste einen erheblichen Einfluss auf unsere Gesundheit haben. Sobald uns eine Angst packt, steigen Puls und Blutdruck. Die Nebennieren schütten vermehrt Adrenalin aus. Der ganze Körper wird in eine Alarmbereitschaft versetzt und wir sind angespannt und unruhig. Permanente Ängste und Sorgen können einen Menschen regelrecht krank machen, und wenn sie uns nicht krank machen, dann lähmen sie uns auf jeden Fall und beeinflussen unser Wohlbefinden.

Das Wort Sorge taucht in unserem Sprachgebrauch sehr häufig auf. Redewendungen wie: „Ich mach mir Sorgen" oder „Deine Sorgen möchte ich haben" sind uns gut vertraut. Wir alle kennen das Sorgenkind, die Sorglosigkeit, oder die Sorgenfalten auf unserer Stirn.

Übrigens ist „sich Sorgen machen" jedoch nicht unbedingt nur negativ zu sehen.

Sich Sorgen zu machen ist tatsächlich dann sinnvoll, wenn es mich zu einer entsprechenden Handlung führt und ich durch das Sorgen veranlasst werde, etwas „Notwendiges" – also etwas, was eine Not wendet – zu unternehmen. Deshalb lohnt sich in solchen Situationen die Frage: „Kann ich mit dieser Art zu sorgen eine Not wenden?"

Wer sich also auf diese Art sorgt, übernimmt Verantwortung für einen Menschen oder für eine Sache. In solchen Fällen führt das Sorgen meistens zu einer konkreten Handlung, einem nächsten wichtigen Schritt oder einer Entscheidung, die eine Not lindert oder verhindert. Derartiges Sorgen begegnet uns in der Fürsorge, der Vorsorge und auch der Nachsorge und sichert in gewisser Weise unser Leben.

Die positiven Aspekte der Sorge sind somit die Fürsorge, die Vorsorge und die Nachsorge!

Ganz konkret finden wir diese Art der Sorge zum Beispiel in der Fürsorge der Eltern für ihre Kinder, in der rechtzeitigen Vorsorge zur Absicherung unseres Alters und der sinnvollen Vorsorge hinsichtlich einer drohenden schweren Erkrankung. Und nicht zuletzt schenkt uns eine gezielte Nachsorge neue Kraft und Zuversicht.

Wenn wir es einmal genau betrachten, leben wir in einem Land, das geprägt ist von einem hohen Sorgenniveau. Inzwischen profitieren ganze Wirtschaftszweige davon, dass wir uns gegen alle möglichen Dinge absichern und vorsorgen. Was jedoch auffällt, ist, dass innerhalb Deutschlands interessanterweise das Sorgenniveau unterschiedlich ist. Laut einer Umfrage leben in Bayern die Menschen mit dem niedrigsten Sorgenniveau, dagegen ist das Sorgenniveau in Hessen relativ hoch.

Bei alldem ist aber auffallend, dass sich alle Menschen in der einen oder anderen Weise Sorgen machen. Wer finanziell abgesichert ist, der macht sich Sorgen, ob er diesen Lebensstandard noch lange erhalten kann. Wer einen guten Job hat, fragt sich, wie seine berufliche Zukunft wohl in ein paar Jahren aussehen wird, und wer eine gesunde Familie und eine glückliche Ehe hat, fragt sich, wie lange dieses Glück wohl noch anhalten wird. Eine Mutter in Uganda hat Ängste und Sorgen, die eine Frau in Europa hoffentlich niemals kennen wird, und die Nöte und Sorgen eines amerikanischen Wirtschaftsunternehmers sind weit entfernt von den Sorgen eines brasilianischen Familienvaters in den Favelas von Rio de Janeiro. Die Ängste und Sorgen eines Schulkindes sind nicht vergleichbar mit den Sorgen eines jungen Erwachsenen und Teenager haben andere Sorgen als ihre Großeltern.

Ein sorgenfreies Leben ist also eine Illusion, aber weil die Sehnsucht nach Leichtigkeit und Unbekümmertheit auch weiterhin unser Herz prägen wird, dürfen wir im Sinne der Fürsorge und Vorsorge danach fragen, wie der Sorgenrucksack leichter wird und die Wanderung gelingen kann. Oder anders gesagt: Wie gelingt es mir, sorgsam, aber nicht sorgenvoll durchs Leben zu wandern?

Jeder ist anders – ich auch!
Die unterschiedlichen Sorgentypen

Wir sind einer für den anderen Pilger, die auf verschiedenen Wegen einem gemeinsamen Treffpunkt zuwandern.
Antoine de Saint-Exupéry, Bekenntnis einer Freundschaft

Tina ist 16, als sie eine schreckliche Erfahrung mit Gewitter macht. Sie ist allein zu Hause, während ein schweres Unwetter aufzieht und die Blitze und laute Donnergeräusche immer näher kommen. So ein schweres Unwetter hatte sie bisher noch nicht erlebt. Der Hagel prasselt auf ihr Dachfenster und die hellen Blitze erleuchten ihr Zimmer. Plötzlich gibt es einen lauten Donnerschlag und sie sieht, wie ein Blitz in die Scheune eines Nachbarhauses einschlägt und der Heuboden innerhalb von Minuten in Flammen aufgeht. Tina hat furchtbare Angst. Ohnmächtig steht sie diesem Naturschauspiel gegenüber und weiß nicht, was im nächsten Moment passieren wird. Voller Angst kriecht sie in ihr Bett und zieht sich die Decke über den Kopf. Dieses Erlebnis wird sich tief in ihrem Bewusstsein einprägen und Spuren hinterlassen.

Heute ist Tina 42, sie hat zwei kleine Kinder und lebt mit ihrer Familie in einem schönen Haus im Nachbarort. Ihre Angst vor Gewitter hat Tina nicht ablegen können. Sobald sich erste Anzeichen eines Unwetters ankündigen, lässt sie im gesamten Haus die Fensterrollos runter und verkriecht sich ängstlich mit ihren beiden Töchtern auf der Sofaecke. Obwohl ihre beiden Töchter bislang noch keine eigenen schweren Erfahrungen mit Gewitter gemacht haben, hat Tina unbewusst durch ihr Verhalten die Angst auf die beiden Kinder übertragen.

Wie ist man in Ihrer Ursprungsfamilie mit Ängsten und Sorgen umgegangen? Wurde über Ängste und Sorgen gesprochen? Hat man gemeinsam nach Lösungen gesucht, sich gegenseitig ermutigt und gestärkt oder durch pessimistisches Verhalten Ihre Ängste und Sorgen noch verstärkt? Welche Prägungen und Verhaltensmuster haben Sie von Ihren Eltern übernommen?

Im Umgang mit unseren Sorgen ist es hilfreich, sich bewusst zu machen, was für ein Typ Mensch wir sind. Gehören Sie zu den Optimisten, die so schnell nichts aus der Ruhe bringt, oder neigen Sie dazu, eher pessimistisch in Ihren Alltag zu gehen und hinter jeder Ecke eine Gefahr zu sehen? Brauchen Sie, so wie meine Schwester, den großen Wanderrucksack zum Transport Ihrer Alltagssorgen oder reicht Ihnen die Jackentasche?

Wir Menschen sind unterschiedlich und jeder von uns geht anders an Probleme heran und mit Sorgen um. Ich möchte Ihnen fünf unterschiedliche Sorgentypen vorstellen, und vielleicht entdecken Sie sich in einem dieser Typen ein Stück weit wieder.

Sorgentyp Nr. 1: der Lastenträger

Lastenträger haben ein breites Kreuz und einen übergroßen Rucksack. Lastenträger sind selten nur mit den eigenen Sorgen unterwegs. In ihrem Rucksack findet sich immer auch noch Platz für die Nöte und Sorgen ihrer Mitmenschen. Lastenträger neigen manchmal sogar dazu, den Mitwanderern ihren Rucksack abzunehmen, bevor diese sich über ihre Last beklagen. Und so trägt Tom die Sorge von Max, die Großmutter trägt die Sorge der Enkeltochter und der besorgte Gemeindeleiter trägt die Sorgen und Ängste seiner anvertrauten Gemeindeglieder. Lastenträger haben einen schweren Job, aber den scheinen sie die überwiegende Zeit zu lieben und leider fehlt ihnen nicht selten das Gespür für die eigene Belastbarkeit.

Typische Gedanken eines Lastenträgers:

- Die Not und Sorge eines anderen weckt in mir sofort Mitleid.
- Ich fühle mich schnell verantwortlich, wenn ich von einer fremden Sorge höre.
- Ich stelle gern meine eigenen Bedürfnisse hinten an, wenn ich dadurch einem anderen helfen kann.
- Ich kann mich schlecht abgrenzen und „Nein" sagen.

Sorgentyp Nr. 2: der Alleingänger

Der Alleingänger kämpft sich einsam und allein mit seinen Alltagssorgen durchs Leben. Alleingänger sind davon überzeugt, dass es niemanden auf der Welt gibt, der ihre Situation versteht, geschweige denn mit ihnen die Sorgen und Ängste teilen kann. „Mich versteht ohnehin niemand" oder „Mir kann keiner helfen" sind typische Äußerungen des Alleingängers. Diese Menschen haben möglicherweise im Laufe des Lebens tatsächlich die Erfahrung gemacht, dass sie mit ihren Sorgen und Problemen alleingelassen wurden oder dass nur wenige Menschen bereit waren, ernsthaft zuzuhören und gemeinsam nach Lösungen zu suchen. Als erwachsene Menschen lassen sie ihre Mitmenschen deshalb kaum noch Anteil nehmen an ihren Gedanken, sie nehmen ihren Sorgenrucksack auf die Schultern und kämpfen sich durchs Leben.

Typische Gedanken eines Alleingängers:

- In meiner Kindheit habe ich mich oft alleingelassen gefühlt.
- Ich habe schnell den Eindruck, dass niemand mich wirklich versteht.
- Wenn ich selbst keine Lösung für mein Problem finde, kann ich nicht von anderen erwarten, dass sie mir helfen können.
- Es fällt mir schwer, mich zu öffnen und meine Sorgen anderen mitzuteilen.

Sorgentyp Nr. 3: der Streckenkontrolleur

Haben Sie schon einmal bei einem Autorennen am Straßenrand gestanden und das Rennen verfolgt? Dann kennen Sie auch die Streckenkontrolleure, die am Rande der Straße dafür sorgen, dass alles reibungslos verläuft. Ihre Aufgabe ist es, alles im Blick zu haben, schnell zu reagieren, wenn ein Problem auftaucht, und auf alle Eventualitäten möglichst gut vorbereitet zu sein. Da sie hoch konzentriert arbeiten, bekommen sie vom eigentlichen Geschehen nur wenig mit. Der kontrollierte Sorgentyp ist ständig auf der Hut, dass ihm kein Fehler unterläuft. Eigene oder fremde Schwächen bereiten ihm Sorge und hinter jeder Kurve lauert die Gefahr. Kontrollierte Menschen müssen jede Situation im Griff haben. Doch ständige Selbst- und Fremdkontrolle erhöhen das Sorgenkonto, denn überall lauert die Gefahr!

Typische Gedanken eines Kontrolleurs:
- Mein Motto: Für jedes Problem gibt es eine Lösung – man muss nur lange genug nachdenken.
- Vertrauen ist gut, Kontrolle ist besser.
- In allen Dingen doppelte Sicherheit ist besser, als blauäugig in den Tag hineinzuleben.
- Ich fühle mich wohl, solange ich den Überblick behalte und alles im Griff habe.

Sorgentyp Nr. 4: der Routenplaner

Der Routenplaner plant akribisch jeden Schritt, den er geht. Es bereitet ihm größte Sorgen, wenn eine Wegstrecke nicht bis ins Detail geplant und durchdacht wurde. Routenplaner sind ihrer Zeit meist schon ein Stück voraus. Mit den Füßen stehen sie in der Gegenwart, aber ihre Gedanken sind längst in der Zukunft unterwegs. Heute schon wollen sie möglichst genau wissen, was sie morgen zu erwarten haben. Und alles, was nicht planbar und vorhersehbar ist, bereitet Angst und Unsicherheit. Routenplaner können schlecht unvorhergesehene Wege einschlagen und Abenteuer bereiten ihnen eher Sorge als Freude. Routenplaner vertrauen sich auch nur ungern der Führung anderer an, denn nur die eigene Route verspricht das höchstmögliche Maß an Sicherheit.

Typische Gedanken eines Routenplaners:
- Erst planen, dann starten.
- Spontanität ist nichts für mich. Nur, wer richtig plant, hat Freude an seinem Weg.
- Am wohlsten fühle ich mich, wenn ich selbst planen darf. Wenn andere planen, vertraue ich mich ihnen nur ungern an.
- Auf Abenteuer kann ich gut verzichten.

Sorgentyp Nr. 5: Hans Guck-in-die-Luft

Der „Hans Guck-in-die-Luft"-Typ verdrängt ganz gern seine Probleme und tut so, als ob ihn alles nichts angeht. Nach dem Motto: „Was nicht sein darf, kann auch nicht sein", blendet er gern unangenehme Wegstrecken aus und malt sich die Welt mit seinen eigenen Farben bunt. Dabei spürt er aber tief in seinem Inneren, dass er der Sorge nicht wirklich entrinnen kann, wenn er sich ihr nicht stellt. Solche Menschen haben nicht den Mut, ein Problem anzugehen und gezielt nach Lösungen zu suchen. Dieser Sorgentyp „schiebt" die Probleme auch gern vor sich her, bevor er beginnt, etwas aus dem Weg zu räumen!

Typische Gedanken eines Hans Guck-in-die-Luft:
- Was zählt, ist der heutige Tag! Was kümmern mich die Sorgen von morgen.
- Wer zu viel vorsorgt, beschäftigt sich unnötig mit den möglichen Problemen von morgen.
- Lieber „Augen zu und durch" als „Augen auf und handeln".

Wo finden Sie sich wieder? Sind Sie eher der Alleingänger oder doch mehr der Lastenträger? Lieben Sie die genaue Routenplanung des Lebens oder gefällt Ihnen die Position des Kontrolleurs? Neigen Sie in bestimmten Situationen so wie Hans Guck-in-die-Luft dazu, die Sorgen einfach zu verdrängen?

Ganz gleich, in welchem Typ Sie sich wiederfinden: Für eine gute Lebenswanderung ist es wichtig, ein paar Wanderregeln zu beachten.

Der Wert von regelmäßigen Pausen und der damit verbundenen Inventur des Inhalts unseres Rucksacks

Wer viel unterwegs ist, sollte nicht vergessen, Pausen einzulegen. Auch in unserem Alltag brauchen wir kleine Oasen der Ruhe und Stille. Eine gute Tasse Tee, ein fröhliches Lied, ein Mut machendes Telefonat oder einfach ein paar Minuten Ruhe auf dem Liegestuhl in der Mittagssonne. Mir tut es gut, mitten am Tag kurz innezuhalten, das bisher Erlebte zu bedenken und die nächsten Schritte zu überlegen. Die Tageslast und das Tagwerk einen Moment abzulegen und mich neu auszurichten. Ich nehme dann ganz bewusst den Rucksack von den Schultern, atme tief durch, strecke mich aus und tanke auf.

Von Zeit zu Zeit überprüfe ich auf diese Weise den Inhalt meines Rucksacks. In Firmen und Geschäften nennt man das Inventur. Diese Bestandsaufnahme gestalte ich ganz unterschiedlich. Mal hilft es mir, Tagebuch zu schreiben und meine Gedanken in Worte zu fassen. Schon während des Schreibens verändert sich oft meine Sicht auf die Dinge und ich spüre, wie viel Raum ich einer Sorge überlassen habe. Oder ich mache einen Spaziergang durch die Natur und spüre, welche Lasten ich mit mir herumschleppe. Auch in einem Gespräch mit einer guten Freundin kann ich reflektieren, wo ich gerade stehe und wie meine Wegstrecke beschaffen ist.

Bei einer derartigen Bestandsaufnahme wird mir bewusst, dass es an der Zeit ist, den Sorgenrucksack zu leeren. Allerlei Sorgenmüll sammelt sich innerhalb kürzester Zeit an und es wird Zeit, die Sorgen zu „ent"sorgen!

Egal, ob Lastenträger oder Routenplaner – wir alle sollten von Zeit zu Zeit den Rucksack von unseren Schultern nehmen, auf seinen Inhalt überprüfen und mutig aussortieren, was uns unnötig belastet!

Darüber hinaus ist es wichtig, dass wir auch einen Blick auf unsere „Wandergenossen" werfen.

Keiner geht den Weg allein – ein Blick auf unsere Wandergenossen

Für eine Wanderung in den Schweizer Alpen brauche ich eine andere Wanderausrüstung als für eine Tour auf den Teide auf Teneriffa. Ein Guide, der mich sicher durch die Wildnis der südafrikanischen Steppe begleitet, ist mir vermutlich bei einer Hüttenwanderung im Allgäu keine große Hilfe. Sie merken: Je nach Wegstrecke und Umgebung ist neben der richtigen Ausrüstung auch meine Begleitung für den guten Verlauf einer Tour sehr entscheidend. Keiner von uns geht seinen Weg durchs Leben ganz allein. Durch alle Lebensphasen hindurch begleiten uns Menschen, die mit uns gemeinsam unterwegs sind. Einige sind nur punktuell unsere Begleiter, andere gehen über weite Strecken unserer Wanderung an unserer Seite. Aber sie alle haben Einfluss auf unseren Weg. Es ist ein Unterschied, ob ich auf meiner Winterwanderung ein weinendes und unzufriedenes Kind an meiner Hand halte oder ob ich diese Tour mit motivierten und abenteuerlustigen Teenagern laufe. Auf der gleichen Strecke werde ich mit unterschiedlichen Begleitern unterschiedliche Erfahrungen machen.

Deshalb lohnt beim Blick auf die eigene Lebenswanderung auch der Blick auf meine „Wandergenossen". Mit wem bin ich gerade unterwegs? Welche Menschen begleiten mich auf meiner Lebensreise? Welche Menschen fehlen mir und spüre ich, dass ich eigentlich ohne sie keinen Schritt gehen möchte?

Welche Menschen begleiten mich auf den unterschiedlichsten Etappen? Wo kann ich mich vielleicht für eine begrenzte Zeit mal einer „Wandergruppe" anschließen, um neue Erfahrungen zu machen? Wo wartet ein Abenteuer auf mich und wer ermutigt mich, auch mal innezuhalten und zu verweilen? Habe ich Wegbegleiter, die mich auf meinem Weg ermutigen, spornen sie mich an, die nächste Etappe zu laufen? Bereitet mir das Unterwegssein mit ihnen Freude oder erschwert es meine Wanderung? Sind diese Menschen vielleicht derzeit selbst mit viel Gepäck unterwegs, tragen wir manche Sorgen auch gemeinsam? Wem kann ich mein Gepäck für einen kurzen Moment anvertrauen?

Achten wir auch auf rechtzeitige Pausen und Herbergen,

die Erholung versprechen? Wo bekommen wir die richtige Stärkung für die nächste Etappe? Das alles sind wichtige Fragen, denen ich im Folgenden nachgehen möchte.

Der Sinn von Wanderführern

Ich liebe fremde Städte! In einem unserer Urlaube in Südspanien haben wir uns einen Tag Sevilla gegönnt! Eine tolle Stadt voller spanischen Temperaments und Lebensfreude. Überfüllte Straßen, hupende Autos, Pferdekutschen, pulsierendes Leben. So weit, so gut! Schwierig wird es nur dann, wenn man ohne Ortskenntnisse, Navi und Stadtführer diese Stadt entdecken möchte. Wie findet man so zur Stierkampfarena oder zur Kathedrale? Überall und nirgends könnte es sein, wo fängt man an zu suchen? Nach einer Stunde bei über dreißig Grad in einem kleinen spanischen Mietwagen ist mein Mann sichtbar gereizt und frustriert. Ich schlage vor, die nächste Straße rechts abzubiegen, doch mein Mann fährt noch ein Stück weiter geradeaus. Wir wissen beide nicht, welcher Weg richtig ist und einen Begleiter, der sich gut auskennt, haben wir leider nicht dabei. Aus dieser Situation haben wir gelernt, dass wir uns bei unserer nächsten Städtetour von einem Stadtführer führen lassen und unsere Zeit nicht mit unnötig langer Suche nach dem richtigen Weg vergeuden.

Wem vertrauen Sie auf Ihrer Lebensreise? Sind sie darauf angewiesen, immer selbst den richtigen Weg zu finden oder vertrauen Sie sich dem an, der den Weg durch

Ihr Leben kennt und gemeinsam mit Ihnen unterwegs sein möchte?

Doch dazu später mehr.

Jetzt wird es erst mal Zeit, den Rucksack zu erleichtern, bevor wir uns dann im Weiteren mit unseren Begleitern befassen.

1. Erleichterungsschritt: Mach dir bewusst, ob dich eigene oder fremde Sorgen belasten.

Wer sich zum Esel macht, dem wird aufgepackt.
Bauernweisheit

„Du, Hannes, dein Lehrer macht sich echt Sorgen wegen deiner schlechten Noten", sagt der besorgte Papa zu seinem 10-jährigen Sohn.

Der wiederum antwortet ganz selbstbewusst und schlagfertig: „Ich weiß gar nicht, warum dich das aufregt! Sonst sagst du immer zu mir: Was gehen uns die Sorgen der anderen Leute an."

Manchmal ist es gar nicht so einfach, zwischen den eigenen und fremden Sorgen zu unterscheiden. Wie viele *fremde* Sorgen tragen Sie mit sich herum? Könnte es sein, dass Ihr Rucksack besonders schwer ist, weil Sie auch noch die Sorgen Ihrer Mitmenschen auf Ihrem Rücken tragen? Wie oft schütten andere ihr Herz bei Ihnen aus und Sie öffnen in bester Absicht Ihren Rucksack und packen all die fremden Sorgen noch zu Ihren eigenen dazu? Als Kinderkrankenschwester stand ich oft in der Gefahr, die Not anderer zu meinen eigenen Sorgen zu machen, und fast wäre ich an der Last zerbrochen, die ich auf meine Schultern genommen habe. Für die kleinen Patienten und ihre Eltern wollte ich eine gute Kinderkrankenschwester sein. Durch mein empathisches Verhalten fühlte ich oft den Kummer und Schmerz, den die Eltern und Kinder zu tragen hatten. Mit all meiner Kraft, meinem Wissen und unermüdlichen Einsatz wollte ich Not lindern und Beistand leisten. Lange Zeit dachte ich, umso tiefer ich mich in die Situation des anderen versetze, umso mehr kann ich helfen. Doch leider ist meistens das Gegenteil der Fall. Es hat lange gedauert, bis ich erkannte, dass ich eine gesunde Distanz zur Sorge des anderen brauche, um ihm wirklich eine Unterstützung zu sein.

Was gehen uns die Sorgen der anderen Leute an? Oft mehr, als uns bewusst ist und guttut. Es versteht sich von allein, dass wir für unsere Familie und für unsere Freunde da sind und unsere Hilfe anbieten, wenn Sorgen und Probleme das Leben belasten. Keiner von uns kann allein seine Sorgen und Ängste bewältigen. Wir alle brauchen das Gefühl und die Gewissheit, dass mindestens einer uns versteht und bereit ist, uns zuzuhören. Wenn wir allein vor uns hin grübeln, wird die Sorge vermutlich eher größer als kleiner. Miteinander unterwegs sein, Lasten tragen und

Sorgen teilen sind wertvolle Erfahrungen, die wir auf unserer Lebensreise brauchen.

Was wir aber auch brauchen, ist ein Bewusstsein dafür, ob uns gerade eine eigene oder fremde Sorge beschwert, denn für eigene und fremde Sorgen gibt es unterschiedliche Trageregeln. Um fremde Sorgen mittragen zu können, ist es notwendig, eine gesunde Distanz zu dem Problem des anderen zu bewahren und den eigenen Rucksackinhalt gut zu kennen. Durch eine gesunde Distanz zur Sorge des anderen verhindere ich, dass seine Sorge auf mich projiziert wird. Und das ist wichtig, denn in dem Moment, in dem ich eine fremde Sorge zu meiner mache, bin ich dem anderen keine Hilfe mehr. Fragen Sie sich konkret: „Ist das, was mich gerade belastet, mein eigener Kummer, oder plagt mich eine fremde Not?"

Außerdem sollte uns auch bewusst sein, dass jeder von uns unterschiedlich belastbar ist. Während der eine schon schwer an einer Einkaufstasche trägt, singt der andere vielleicht mit dem Sack Kartoffeln auf den Schultern noch fröhlich vor sich hin. Dazu kommt die Tatsache, dass unsere Belastbarkeit auch schwanken kann. Selbst der stärkste Lastenträger wird in seinem Leben Phasen haben, in denen er Mühe hat, sich noch mehr aufzubürden.

Der Unterschied zwischen eigenen und fremden Sorgen besteht darin, dass wir fremde Sorgen zeitlich nur begrenzt und punktuell tragen sollten. Eine gute

Krankenschwester ist die, die während ihrer Arbeitszeit empathisch ihre Patienten versorgt, aber nach Verlassen der Klinik an der Pforte die fremden Sorgen bis zum nächsten Dienstbeginn zurücklässt. Hilfreich mittragen können wir nur dann, wenn wir uns selbst Raum und Zeit schaffen, um körperlich und seelisch aufzutanken.

Indem die Krankenschwester sich eigene Freiräume und Ruhebänke gönnt, den fremden Rucksack neben sich abstellt und loslässt, gewinnt sie die Kraft, um ihn zur gegebenen Zeit wieder aufzunehmen. Nur so wird sie in der Lage sein, beim nächsten Dienst das mitzutragen, was andere ihr mitteilen. Eine fremde Sorge mitzutragen heißt zuhören, trösten, ermutigen und mitdenken. Manchmal kann es auch bedeuten, ganz praktische Hilfe zu leisten, indem wir konkret bei der Bewältigung des alltäglichen Lebens helfen, zum Beispiel durch die Begleitung zu einem Arzttermin oder in der Betreuung der Nachbarskinder. Ein solches Mittragen muss aber zeitlich und räumlich begrenzt sein. Sie können nicht rund um die Uhr die Sorgen Ihrer Mitmenschen tragen. Sie müssen auch nicht allezeit und an jedem Ort verfügbar sein. Deshalb sollten Sie, bevor Sie Ihre Zeit und Kraft investieren, für sich klären: Wende ich wirklich eine Not ab, wenn ich hier helfe? Und wenn Sie anschließend zu der Entscheidung kommen, dass es notwendig ist, jetzt und sofort zu helfen, dürfen Sie nach Ihren Kräften und Möglichkeiten handeln.

Es gibt Situationen, da braucht uns der Nächste, damit eine Not abgewendet werden kann. Schon Jesus hat uns deshalb geboten: „Ein jeder trage die Last des anderen, so werdet ihr das Gesetz Christi erfüllen!" Was er damit meinte, hat er durch sein eigenes Leben beispielhaft vorgelebt: Er hat sich nicht abgewendet, wenn er eine Not gesehen hat, er hatte keine Scheu, denen zu begegnen, die von anderen gemieden wurden. Er nahm sich ihrer Krankheiten und Schwachheit an und öffnete seine Ohren und sein Herz für ihre Nöte und Sorgen. Allerdings hat er diese Not nicht allein getragen, sondern mit seinem Vater im Himmel geteilt.

In einer Welt, in der viele Menschen „be-lastet" sind, brauchen wir heute wie damals Lastenträger, die ihre Augen nicht verschließen vor der Not anderer. Deshalb sollten wir die Aufforderung Jesu ernst nehmen und als seine Nachfolger zu Lastenträgern werden, wenn unser Nächster unsere Hilfe braucht. Da aber keiner von uns unbegrenzt belastbar ist, dürfen wir es wie Jesus tun, indem wir die fremde Not dorthin tragen, wo wir sie auch wieder abladen können – bei unserem Vater im Himmel.

Sprechen Sie die Not Ihrer Mitmenschen vor Gott im Gebet aus und bitten Sie ihn, dass er Wegweisung, Hilfe und Orientierung schenkt. Selbst der Schwächste kann andere tragen, indem er konkret für die Not des anderen betet und die fremden Sorgen der Liebe und Fürsorge Gottes anbefiehlt.

In Zeiten persönlicher Not und Sorge habe ich es immer als wohltuend und erleichternd empfunden, wenn mir nahestehende Menschen für mich gebetet und meinen Namen vor Gott ausgesprochen haben. Das hat mich gestärkt und ich wusste: Ich bin jetzt nicht allein. Ich werde getragen.

Zu meiner Jugendkreiszeit hatten wir einen echten Schlager, den wir in fast jeder Jugendstunde gesungen haben: „Wenn die Last der Welt dir zu schaffen macht, hört er dein Gebet."

Wie Martin Luther, der davon spricht, dass das Gebet der Schlüssel aus dem Gefängnis unserer Sorgen ist, konnte ich auch in meinem Leben schon oft die Erfahrung machen, dass Gott nur ein Gebet weit von meinen Sorgen entfernt ist. Und im Brief an die Philipper heißt es im 6. Vers des 4. Kapitels: *„Sorget nichts, sondern in allen Dingen lasset eure Bitten in Gebet und Flehen mit Danksagung vor Gott kundwerden."*

Anregungen zum Weiterdenken:
- Wie viele fremde Sorgen belasten mich gerade?
- Warum belastet mich die fremde Sorge in so hohem Maß? Berührt diese Sorge vielleicht einen meiner eigenen wunden Punkte?
- Fremde Sorgen trage ich, indem ich zuhöre, tröste, ermutige oder konkrete praktische Hilfe anbiete. Wie viel meiner täglichen Zeit nimmt dieses *Mittragen*

in Anspruch? Inwieweit beeinflusst die fremde Sorge meinen Alltag und meine eigene seelische Belastbarkeit? Gelingt es mir, zwischendurch abzuschalten und die Sorge loszulassen?

- Wem kann ich meine Sorge anvertrauen und ihn bitten, dass er oder sie für mich betet?
- Welche fremde Sorge möchte ich im Gebet vor Gott aussprechen?

2. Erleichterungsschritt: Tausche negative Gedanken und Gefühle gegen positive Gedanken und Gefühle – wende dein Gesicht der Sonne zu!

Auf die Dauer der Zeit nimmt die Seele die Farbe der Gedanken an.
Marc Aurel

Ungern denke ich an den Winter 2013 zurück. Ein Winter, der kein Ende nehmen wollte. Kalt, verschneit, grau in grau. Wochenlang habe ich die Sonne vermisst. Sie hatte keine Chance, sich durch die dunkelgrauen Wolken zu schieben. „Der dunkelste Winter seit mehr als 40 Jahren", war in den Zeitungen zu lesen. Jeden Morgen aufs Neue sehnte ich ein paar Sonnenstrahlen herbei, aber stattdessen reihte sich ein weiterer trüber Tag an den nächsten. Fast unbemerkt nahmen auch meine Gedanken langsam mehr und mehr Grautöne an und täglich sank die

Hoffnung, dass das Blau des Himmels endlich die grauen Wolken vertreibt und mein Herz und meine Seele erwärmt.

Wenn ich nicht ganz genau wüsste, dass hinter all den dicken, grauen Wolken der Himmel blau und strahlend schön ist, dann würde mir der Glaube daran verloren gehen, habe ich immer wieder gedacht. Ich bin einfach nicht für den Winter geschaffen. Diese trübe Zeit lähmt mich, raubt mir meine Energie und Freude. Wie gut, dass ich im letzten Sommer in meinem Herzen Farben für den Winter gesammelt hatte. Und so erwärmte ich mich bewusst in diesen Tagen mit Gedanken an den letzten Sommerurlaub am Meer, wo uns schon früh am Morgen der neue Tag mit viel Sonnenschein begrüßte und das helle Licht der Mittelmeersonne uns den ganzen Tag erfreute. Bei langen Strandspaziergängen ließen wir die Sonne auf unseren Rücken scheinen und erfreuten uns am tiefblauen Meer.

Wir genossen das Temperament der Südspanier und ihre Art zu leben. Abends zogen wir mit einer Flasche Wein zum Strand und zelebrierten die traumhaften Sonnenuntergänge. Einer schöner als der andere und jeder ein Vorbote auf den nächsten sonnigen Tag. Ganz bewusst entschied ich mich in jenem Winter jeden Tag aufs Neue, meine trüben Novembergedanken durch die schönen Urlaubserinnerungen zu vertreiben.

Negative Gedanken und negative Gefühle beeinflussen unsere Lebensreise enorm. So wie positive Gedanken uns beflügeln, motivieren und antreiben, so lähmen uns negative Gedanken und Gefühle auf unserer Wanderung.

„Guten Morgen, liebe Sorgen, seid ihr auch schon alle da?" Viele Menschen begrüßen den neuen Tag mit schweren Gedanken und den schlimmsten Befürchtungen. Und nicht selten begleiten diese schweren Gedanken uns dann durch den ganzen Tag, ohne dass es uns tatsächlich bewusst ist. Wird mein Kind heute sicher zur Schule kommen? Kann ich während der Arbeit die Leistung erbringen, die von mir erwartet wird? Was wäre, wenn mein Partner plötzlich schwer krank wird? Werde ich im Alter gut versorgt sein? Wie kann ich meinem Bruder nur helfen, damit sein Leben wieder lebenswert wird?

Wer seinen Alltag immer wieder mit negativen Gedanken belastet, wird unweigerlich schwermütig und traurig.

Ebenso haben negative Sätze, die andere mir oft genug sagen oder die ich mir selbst immer wieder zugesprochen habe, Einfluss darauf, ob ich meine Straße fröhlich ziehen kann oder schwermütig einen Fuß vor den anderen setze. Ein junger Erwachsener, der als Kind zu hören bekam: „Aus dir wird später nichts werden", hat alle Mühe zu glauben, dass er es im Leben zu etwas bringen kann. Eine junge Frau, die selbst immer daran gezweifelt hat, ob sie ihren Kindern eine gute Mutter sein kann, wird bei der kleinsten Schwierigkeit davon überzeugt sein, dass sie als Mutter nicht taugt und unfähig ist, Kinder zu erziehen.

Marc Aurel, der vor vielen Tausend Jahren das Römische Reich regierte, soll einmal gesagt haben: „Unser Leben ist das, wozu unsere Gedanken es machen!" Und das stimmt doch bis heute. Was ich denke, prägt mein Handeln. Was ich denke, wird früher oder später in mir zu einer festen Überzeugung. Zu diesen Gedanken passt besonders gut folgende Geschichte:

Ein alter Indianer sitzt mit seinem Enkelsohn am Lagerfeuer. Gemeinsam haben sie einen wunderschönen Tag erlebt. Langsam bricht die Abenddämmerung über ihnen herein, die Flammen lodern im Lagerfeuer und eine wunderbare Ruhe breitet sich aus. Nach einer Zeit des Schweigens beginnt der alte Indianer mit seinem Enkelsohn zu reden: „Weißt du, wie ich mich manchmal fühle?", fragt er ihn. „Es ist geradeso, als ob zwei Wölfe in meinem Inneren miteinander kämpfen. Der eine Wolf ist schwermütig, traurig und stets besorgt. Der andere dagegen ist fröhlich, unbeschwert und voller Tatendrang."

„Wer von den beiden wird den Kampf um dein Herz gewinnen?", fragt der Enkelsohn ganz gespannt seinen Großvater.

„Der, den ich am meisten füttere", erwidert er und schweigt.

Welche Gedanken bestimmen den Kampf um ihr Herz? Füttern Sie eher die negativen oder die positiven Gedanken?

Negative Gedanken und Gefühle erschweren meinen Alltag und verhindern, dass ich meine tägliche Wegstrecke unbeirrt gehen kann. Wenn wir dagegen lernen, positiv zu denken und bewusst positive Gefühle und Gedanken zuzulassen, wird das unsere Wegstrecke erleichtern.

Welche Farben und Gedanken bestimmen Ihren Alltag? Gehören Sie zu denen, die die „Schwarzmalerei" bevorzugen oder doch zu denen, die ordentlich Farbe ins Leben bringen?

Stellen Sie sich vor, Sie dürften heute an einer Staffelei ein Bild Ihrer momentanen Lebenssituation malen. Zu welchen Farben würden Sie greifen? Welche Motive würden Sie wählen?

Martin Luther soll einmal gesagt haben: „Man kann nicht verhindern, dass die *Sorgenvögel* über *unserem Kopf* kreisen. Aber man kann sehr wohl vermeiden, dass sie *Nester* auf ihm *bauen*." Wenn wir traurige Gedanken haben, beeinflusst das unseren gesamten Körper. Wer sich im Alltag immer wieder in den eigenen Sorgen wiegt und den negativen Gedanken Raum verschafft, verfärbt seine Seele mit der Zeit in dunkle, trübe Farben. Wer dagegen im Alltag auch den schönen und positiven Gedanken Zeit einräumt, wird letztlich eine deutlich fröhlichere Grundstimmung bekommen.

Und so wie die Angst unseren Körper verspannt, so belebt gleichzeitig die Freude unsere Seele und unser Gemüt. Lachen und fröhlich sein sind wichtige Antisorgen-Mittel.

Das macht auch schon eine alte schottische Lebensweisheit deutlich, in der es heißt: „Von allen Sorgen, die ich mir machte, sind die meisten nicht eingetroffen. Aber jedes Lachen, das meine Freunde mir brachten, hat mein Leben eine Woche jünger und gesünder gemacht."

Also ist und bleibt demzufolge ein wichtiges Stück unseres Reisegepäcks ein fröhliches Herz. Schon in den Sprüchen Salomos ist zu lesen: *Fröhlichkeit ist gut für die Gesundheit, Mutlosigkeit raubt einem die letzte Kraft* (Sprüche 17,22).

So wie negative Gedanken unsere Wanderung erschweren, so erleichtern positive Gedanken den Weg. Besonders in schweren Situationen sollten wir uns Momente der Freude schaffen. Einen netten Abend mit Freunden, ein Spaziergang durch den Schnee, ein Besuch in der Sauna oder ein spannendes Buch lenken unsere Gedanken in eine neue Richtung und nehmen uns für eine Weile die Schwermut des Alltags.

Ein weiteres gutes Mittel gegen Sorgen ist die Musik. Wir alle wissen, dass gute fröhliche Musik unsere Stimmung schnell verbessern kann. Gute Musik macht gute Laune, die Arbeit geht schneller von der Hand. Musik hat eine therapeutische Wirkung. Jeder, der selbst musiziert, weiß, dass Musik trösten kann und die Seele aufleben lässt. Musik ergreift uns im Gegensatz zum gesprochenen Wort ganzheitlich. Durch Musik wird Leib, Seele und Geist angesprochen. Durch Singen und Musik dringt nach außen, was uns freut, aber auch was uns weinen lässt. Musik kann uns helfen, an unsere tiefen Emotionen zu gelangen.

Wenn wir also lernen, positiv zu denken, werden wir mit der Zeit auch positiv an die Dinge herangehen.

Aber wie schnell passiert es, dass wir uns in unserer Fantasie schwere dunkle Wolken vor Augen malen. In allen möglichen Farben und Bildern entstehen in unseren Köpfen die Ängste.

Solche Sorgen rauben uns oft die Kraft, im Hier und Heute zu leben. Weil wir uns ständig mit der Zukunft beschäftigen und sorgenvoll nach vorne schauen, verlieren wir den Blick für all das Schöne und Gute, was uns gerade umgibt.

Doch wir können lernen, immer, wenn negative Gedanken und Gefühle der Angst und Sorge in uns aufkommen, positive Gedanken und Gefühle dagegenzusetzen. Es ist eine bewusste Willensentscheidung, ob ich den Tag mit Grübeln und Sorgen verbringen will oder ob ich meine Gedanken mit schönen Dingen und Erlebnissen fülle.

Es ist tatsächlich meine Entscheidung, wie viel Zeit ich einer Sorge einräume. Mir hilft es manchmal, wenn ich mir bewusst mache: Ob ich nun fünf Minuten oder fünf Stunden über ein bestimmtes Problem nachdenke, ich werde das Problem allein durch Denken nicht lösen. Versuchen Sie doch jedes Mal, wenn Sie spüren, dass Sie wieder zu grübeln beginnen und sich Sorgen zu machen, Ihre

Sorgen zu unterbrechen, indem Sie sich innerlich STOPP sagen. Und probieren Sie stattdessen, jedem negativen Gedanken einen positiven Gedanken entgegenzusetzten. Der Beter des 103. Psalms fordert uns auf: „Lobe den Herrn meine Seele und vergiss nicht, was er dir Gutes getan hat." Diese Haltung möchte ich trainieren und mich in schwierigen Situationen daran erinnern, dass Gott mir in der Vergangenheit immer wieder Zeichen seiner Güte und Barmherzigkeit geschenkt hat. Auch wenn alles gerade schwierig und hoffnungslos erscheint, gibt es in Ihrem Leben viel Schönes und reichlich Grund zur Dankbarkeit, da bin ich mir sicher.

Machen Sie sich bitte bewusst: Allein durch Grübeln und Sorgen werden Sie die wenigsten Probleme lösen können. Negatives Gedankengut zieht Sie nur weiter nach unten und verbessert nicht Ihre Situation. Wenn wir dagegen lernen, positiv zu denken, werden wir mit der Zeit auch positiv an die Dinge herangehen.

Anregungen zum Weiterdenken:
- Wie schnell schleichen sich negative Gedanken und Gefühle in Ihrem Alltag ein?
- Gibt es überhaupt Leichtigkeit in Ihrem Alltag? Ein fröhliches Lied, ein Abend mit guten Freunden, ein Tanz?
- Schreiben Sie doch mal einen Tag lang all die positiven Dinge in Ihrem Leben auf. Beginnen Sie mit

dem frischen Frühstücksbrötchen am Morgen und beenden Sie den Tag, indem Sie dankbar sind für das Dach über dem Kopf und das kuschelig warme Bett in der Nacht.

- Wer lernt, positiv zu denken, wird mit der Zeit auch positiv auf Veränderungen zugehen. Deshalb rate ich Ihnen: Setzen Sie jedem negativen Gedanken oder jedem negativen Gefühl einen positiven Gedanken oder ein positives Gefühl entgegen!

3. Erleichterungsschritt: Lerne Wesentliches von Unwesentlichem zu unterscheiden – unnötiger Ballast erschwert den Weg.

Wer imstande ist, das Wesentliche vom Unwesentlichen zu unterscheiden, vermag etwas Wesentliches zu leisten.
NN

Familie Meyer plant den nächsten Sommerurlaub. Die ganze Familie freut sich auf eine tolle Zeit an der Nordsee. Lange Strandspaziergänge, Sandburgen bauen und im Strandkorb liegen und lesen. Abends an der Uferpromenade sitzen, einen Eisbecher genießen und die Fischerboote in der Ferne beobachten. Je näher der Urlaub rückt, umso mehr macht sich die Sorge breit, ob das Wetter wohl auch gut sein wird. Der ganze Urlaub wäre gelaufen, wenn es zwei Wochen regnen würde und all ihre Unternehmungen ins Wasser fallen. Vor lauter Sorge um das Wetter schwindet die Vorfreude auf den Urlaub. Familie Meyer bemerkt nicht, welche Bedeutung sie dem Wetter zukommen lässt. Ist das Wetter denn wirklich so wesentlich für die gemeinsame Zeit an der See?

Wir sollten lernen, die Sonne zu genießen, ohne die Gewitterwolken zu fürchten. Wer dem Urlaubswetter mehr Bedeutung schenkt als der gemeinsamen Zeit mit dem Partner oder der Familie, hat die Prioritäten falsch gesetzt.

Herr Möller ist seit Wochen gestresst. Auf der Arbeit weiß er kaum, was er zuerst und zuletzt erledigen soll. Alles, was auf seinem Schreibtisch landet, soll sofort bearbeitet werden und duldet keinen Aufschub. Daheim wartet unendlich viel Gartenarbeit auf ihn, das Auto muss in die Werkstatt gebracht werden und beim Fußballtraining kann er nicht schon wieder fehlen. Seinem Sohn hat er schon vor Wochen einen gemeinsamen Kinobesuch versprochen und eigentlich braucht er auch dringend noch Zeit, um die Gemeindeversammlung vorzubereiten.

Alles dringend, alles wichtig? Was tun, was lassen? Welchen Aufgaben muss Priorität eingeräumt werden, wenn doch alles erledigt werden muss?

Unser Sorgenrucksack ist oft so schwer, weil wir verlernt haben, das Wesentliche vom Unwesentlichen zu unterscheiden, und manchmal können wir kaum noch trennen, was zwar wichtig, aber nicht dringend ist. Und so räumen wir mancher Sorge mehr Raum ein, als es der Situation überhaupt angemessen ist. In unserer hektischen Zeit muss alles rasant gehen. Viele Entscheidungen müssen wir schnell treffen. Und die Schnelllebigkeit unserer Zeit bringt es mit sich, dass wir kaum Zeit zum Nachdenken finden. Dadurch geht uns oft das Gespür dafür verloren, was wirklich wichtig und wesentlich ist.

Diese schnelllebige Zeit erhöht aber nicht nur unseren Blutdruck, sondern auch unser Sorgenkonto, weil ein ruhiger und gelassener Mensch deutlich weniger Sorgen hat als der gestresste Mensch.

Überlegen Sie mal, für wie viele Dinge Sie Zeit, Kraft und Geld investiert haben, um im Nachhinein festzustellen, dass Sie auch ohne diese Dinge gut hätten leben können.

Schon der berühmte griechische Philosoph Sokrates hatte erkannt: „Wie viele Dinge gibt es doch auf dieser bunten Welt, die ich nicht brauche!"

Hinter dieser Erkenntnis steckte eine tiefe Lebensweisheit, nämlich: Ich kann verzichten, ich kann loslassen.

Wir dürfen lernen, die Dinge, die auf unserer Lebensreise eigentlich nicht wichtig sind, loszulassen. Wer loslässt, was eigentlich keine große Bedeutung hat, bekommt die Hände und auch den Kopf frei, um neu zu entdecken, was wirklich wichtig und entscheidend für unser Leben ist.

Nicht was, sondern wie man trägt, ist wichtig!

Fragen zum Weiterdenken:

- Welche Dinge in meinem Leben sind derzeit wichtig und was ist wirklich dringend?
- Auf welche Dinge möchte ich Wert legen, was spielt eine untergeordnete Rolle?
- Welchen Menschen und Ereignissen möchte ich Priorität einräumen?
- Werden die Sorgen, die mich heute quälen, in zwei Wochen, zwei Monaten oder zwei Jahren noch eine entscheidende Rolle für mein Leben spielen?

4. Erleichterungsschritt: Befreie dich von Altlasten und höre auf, anderen etwas nachzutragen und vorzuwerfen.

Wir brauchen nicht so fortzuleben, wie wir gestern gelebt haben. Machen wir uns von dieser Anschauung los, und tausend Möglichkeiten laden uns zu neuem Leben ein.
Christian Morgenstern

Christina ist ein fröhliches und neugieriges Kleinkind. Sie wächst behütet in ihrer Familie auf. Als Christina sechs Jahre alt ist, erlebt sie in ihrem familiären Umfeld einige Todesfälle. Ihre Urgroßeltern versterben und kurze Zeit später ihre Oma. Christina muss sich als Vorschulkind mit dem Thema Tod und Sterben auseinandersetzten. Ihre Eltern versuchen, Christina altersgerecht Tod und Sterben zu erklären und dennoch spüren sie, dass Christina ihre ganz eigenen Strategien entwickelt, um sich mit dieser Problematik auseinanderzusetzten. Christina durchlebt Verlustängste und klammert sich eng an ihre Eltern. Auf Schritt und Tritt verfolgt sie ihre Mama, aus Angst, sie könnte im nächsten Moment aus ihrem Leben verschwinden.

Im Kindergarten hat sie eine beste Freundin. Als diese ein Jahr vor ihr eigeschult wird, erlebt sie auch in diesem Umfeld, was es heißt, einen guten Freund zu verlieren. Von nun an fühlt sie sich im Kindergarten allein und auch ein Jahr später in der Schule findet sie nicht wieder so eine gute Freundin wie ihre Kindergartenfreundin.

Erst in der weiterführenden Schule lernt sie ein Mädchen kennen und setzt große Erwartungen in diese neue Freundschaft. Alles erleben die Teenager zusammen, jede freie Minute verbringen sie gemeinsam. Das tut Christina gut. Doch dann zerbricht diese Teenagerfreundschaft und Christina leidet ohne Ende. Wieder erlebt sie Verlust, Trennung und Schmerz. Das alles brennt sich tief in ihr ein und hinterlässt Wunden in ihrem Leben. Die Themen Beziehung, Verlust und Abschiednehmen spielen seither eine große Rolle in ihrem Leben.

Heute, als junge Frau, sehnt sie sich sehr nach echter Freundschaft, doch aufgrund ihrer Erfahrungen ist sie ängstlich und unsicher geworden. Jetzt steht sie kurz vor ihrem Studium und muss den Schritt wagen, sich vom Elternhaus zu lösen und in einer fremden Stadt allein den Sprung in ihre Zukunft zuwagen. Christina ahnt nicht, inwieweit die Erlebnisse *aus ihrer frühesten Kindheit heute ihr Denken, Handeln und Fühlen beeinflussen.*

Die Erlebnisse aus der Vergangenheit prägen bis heute ihr Verhalten. Christina hat nun verschiedene Möglichkeiten, mit dieser neuen Situation umzugehen:

1. Wenn sie jetzt die Erfahrungen und Erlebnisse ihrer Kindheit auf die neue Lebenssituation projiziert, wird sie nicht den Mut haben, ihr Elternhaus zu verlassen. Sie wird davon überzeugt sein, dass sie an ihrem Studienort keine Freunde findet und allein in ihrem Zimmer hockt. In ihr dominieren die Ängste vor dem Alleinsein, die Sorge, verlassen zu werden, und ein Gefühl von Ohnmacht und Hilflosigkeit. Vermutlich ist sie davon überzeugt, dass mit ihr ohnehin niemand etwas zu tun haben will und dass sie einfach keine gute Weggefährtin ist. Sie wird Angst haben, dass jeder neue Kontakt nicht von Dauer ist, und sie möchte nicht zulassen, dass sie wieder allein zurückbleibt. Die Sorge, dass sie allein nicht zurechtkommt, lähmt sie, die für sie nötigen Schritte zu gehen.

2. Wenn Christina durch Gespräche und Reflexion versteht, dass ihr heutiges Verhalten mit den traumatischen Erlebnissen ihrer Vergangenheit in Verbindung steht, kann sie ihre Ängste aufarbeiten und neue Denk- und Verhaltensmuster einüben. Die Aufarbeitung ihrer Vergangenheit gibt ihr die Chance, die Gegenwart neu zu gestalten. Sie wird den Sprung aus dem behüteten Elternhaus wagen,

weil sie sich selbst zutraut, in einer fremden Umgebung neue Kontakte zu knüpfen und Freunde zu finden. Sie realisiert, dass viele ihrer Ängste und Sorgen mit ihren Kindheitserlebnissen zusammenhängen, und ist deshalb in der Lage, das damals Erlebte nicht auf ihren jetzigen Alltag zu übertragen. Gespannt und zuversichtlich geht sie dem Studium entgegen. Sie stellt sich vor, wie die neu gewonnene Freiheit am Studienort ihr auch neue Möglichkeiten schenken kann. Sie träumt von ihrer ersten kleinen Studentenbude und ihrer Zukunft als Lehrerin! Im Gepäck trägt sie die Liebe und Fürsorge ihrer Eltern, die ihr den neuen Weg zutrauen und sie auf diesem Weg unterstützen. Zurück lässt sie die negativen Erfahrungen und Erlebnisse. Die will sie verarbeiten, aber ihnen nicht länger den Raum geben, dass sie ihr weiteres Leben bestimmen dürfen.

Die unverarbeitete Auseinandersetzung mit dem Thema Tod und Sterben ist eine Altlast, die Christina seit ihrer Kindheit in ihrem Gepäck hat. Wenn Christina den Mut hat, das Gestern auszupacken und zu bearbeiten, wird sie ihre Gegenwart und ihre Zukunft in einer neuen Freiheit gestalten können.

Welche Altlasten tragen Sie mit sich? Welche Erfahrungen, einschneidenden Erlebnisse und Ereignisse haben sich tief in Ihrem Inneren eingeprägt und beeinflussen bewusst oder unbewusst Ihre Lebensreise?

Um das Leben nach vorne zu leben, ist es nötig, die

Vergangenheit zu verstehen. Wer sich der Vergangenheit stellt, gewinnt Rückgrat für die Gegenwart. Wer mit der Vergangenheit aufräumt, gewinnt Freiraum, um die Gegenwart zu gestalten. Die Erlebnisse und Erfahrungen aus unserer Vergangenheit haben uns sicher geprägt, aber wir dürfen auch ganz bewusst die alten Wege verlassen und neue Wege gehen. Wir dürfen auspacken, was wir tief unten im Rucksack vergraben haben, und unsere Vergangenheit im Licht der Gegenwart betrachten. Ansonsten wird uns die Vergangenheit immer wieder einholen und unser Leben in der Gegenwart beeinflussen. So wie ein verschimmeltes Pausenbrot im Schulranzen irgendwann stinkt und den ganzen Schulranzen verpestet, so kann unsere unbewältigte Vergangenheit Einfluss nehmen auf unseren heutigen Alltag.

Altlasten können auch zwischenmenschliche Konflikte sein. Der Streit mit einem Geschwisterteil, die Schwiegermutter, die mich ablehnt, oder die endlosen Auseinandersetzungen mit dem Nachbarn. Viele von uns haben einen besonders schweren Rucksack, weil sie anderen ständig etwas *nachtragen*.

„Wenn mein Lehrer mich früher besser behandelt hätte oder mein Chef endlich mal für Gerechtigkeit sorgen würde, dann könnte ich heute auch zufriedener leben!" Spüren Sie, wer diese Last und den Kummer trägt? Sie! Auf Ihrem Rücken!

Anderen etwas nachzutragen kostet Ihre Kraft. Je länger

Sie es tragen, umso krummer werden Sie unter der Last. Was der Lehrer getan hat oder wie ungerecht Ihr Chef ist, darauf haben Sie heute keinen Einfluss mehr – aber wie Sie in der Gegenwart damit umgehen, das entscheiden Sie selbst. Oft ist nicht entscheidend, was wir tragen, sondern wie wir das tragen, was wir tragen!

Ähnlich ist es mit den Dingen, die Sie anderen immer wieder vorwerfen. Wenn Sie jemandem etwas vorwerfen, nehmen Sie das Päckchen mit Ihrer Kraft immer wieder auf und werfen es dem anderen vor die Füße.

Wer so lebt, wandert in der Gegenwart immer wieder ein paar Schritte zurück oder tritt auf der Stelle und wundert sich, dass es kein Vorankommen gibt.

Ich kenne das so gut aus meinem eigenen Leben. Vor einigen Jahren erlebte ich eine große menschliche Enttäuschung durch eine mir nahestehende Person. Ich fühlte mich ungerecht behandelt, hilflos ausgeliefert und ohnmächtig. Innerlich tobte in mir die Rebellion und nach außen fühlte ich mich schwach und verletzt. Tiefe Enttäuschung machte sich breit und schließlich wurde ich über diesem Konflikt bitter. Jede Begegnung schmerzte und wühlte die alten Wunden auf. Sofort waren meine ganze Anklage, Ablehnung und Wut wieder präsent. Ich wollte und konnte einfach nicht vergessen, was damals geschehen war. Durch meine eigenen Gedanken und mein Festhalten an diesem Konflikt trug ich dazu bei, dass die Wunden immer tiefer wurden. Mit der Zeit spürte ich, wie gefangen ich in mir selbst war und wie sehr mich diese Last hinderte, meinen Alltag zu gestalten.

Andere ermutigten mich damals loszulassen und nicht immer wieder das alte Paket aufzunehmen, nachzutragen und vorzuwerfen. Es hat lange gedauert, bis ich tatsächlich bereit war loszulassen und zu vergeben. Erst als ich spürte, dass ich mir selbst durch meine Haltung schadete, konnte ich schließlich sagen: „Nein, ich möchte dieses Paket nicht ständig wieder aufnehmen, ich möchte es zurücklassen, und auf meinem weiteren Weg räume ich diesem Konflikt keinen Platz mehr in meinem Rucksack ein." Damals habe ich verstanden: Ich kann dem anderen vergeben, wenn ich meine Schmerzen und meine Enttäuschung an Gott abgebe.

Wenn Firmen einen großen Auftrag vergeben, dann bedeutet das nichts anderes, als dass sie jemanden suchen, der den Job für sie übernimmt. Vergeben heißt also auch: Ich gebe etwas weg. Wenn ich meine Anklage dem anderen vergebe, dann bedeutet das, ich vertraue Gott diesen Konflikt und alle damit verbundenen Gefühle an und bitte ihn, dass er meine Wunden heilt und mich von allem Zorn, aller Wut und aller Anklage befreit. Immer wenn ich in der Gefahr stand, das alte Paket erneut aufzunehmen, habe ich im Gebet Gott angefleht und ihn gebeten: Bitte, Herr, mach mich bereit loszulassen und dir zu überlassen, was mir zu schwer wird! Ich vergebe diese Sorge an dich, bitte hilf du mir, dem anderen zu vergeben!

Könnte es sein, dass auch Sie Altlasten ausräumen müssen, damit Ihre Wanderung unbeschwerter wird? Wo wollen Sie aufhören, jemandem etwas nachzutragen? Die größte Erleichterung erleben Sie selbst, wenn es Ihnen gelingt, loszulassen und zu vergeben. Und das gilt auch für Sie selbst. Wie oft klagen wir uns selbst an, sind unzufrieden und unbarmherzig mit uns, können uns nicht verzeihen, dass wir diesen oder jenen Weg gegangen sind. Hätte ich doch damals nur diesen Fehler nicht gemacht oder jene Entscheidung nicht getroffen. Hätte, hätte, hätte.

Übrigens: Gott trägt uns nichts nach, er ist barmherzig und vergibt. Wenn er uns eine Schuld vergibt, dann ist sie ein für alle Mal weg, so als ob sie nie gewesen wäre. Vergeben ist vergeben! Er holt nicht immer wieder die alten Sachen hervor, das tun nur wir. Sollten wir deshalb nicht auch mit uns selbst und mit anderen barmherzig umgehen?

Die Vergangenheit ist vergangen und die Zukunft ist noch nicht da. Wenn wir bereit sind, die Altlasten zu entsorgen, und aufhören, anderen etwas nachzutragen, wird unsere Wanderung leichter. Unsere Vergangenheit und unsere Zukunft sind Gott bekannt und er möchte uns helfen, die Gegenwart zu gestalten.

Anregungen zum Weiterdenken:
- Welche Altlasten trage ich in meinem Rucksack mit mir herum?

- Wo ist es für mich an der Zeit, ein altes Paket nicht wieder aufzunehmen, um es meinem Nächsten nachzutragen oder vor die Füße zu werfen?
- Welchen Auftrag möchte ich an Gott abgeben, damit er mir hilft, meinem Nächsten zu vergeben?

5. Erleichterungsschritt: Lebe hier und heute mit der Kraft, die du heute zur Verfügung hast.

Sorge macht Menschen zu Gefangenen der Vergangenheit, zu Opfern der Gegenwart und Sklaven der Zukunft.
Corrie ten Boom

Kennen Sie „Was-wäre-wenn-Fragen"? Solche Fragen und Szenarien führen uns gedanklich weit in die Zukunft und nicht selten versuchen wir, uns durch derartiges Kopfkino auf schlimme Situationen vorzubereiten. Manche Menschen haben schon jede denkbare Variante durchdacht, ehe sie einen Fuß in den Flieger setzen!

Was wäre, wenn der Pilot heute einen schlechten Tag hat und im Cockpit einen gravierenden Fehler macht? Was wäre, wenn das Triebwerk mitten über dem Atlantik ausfällt oder das Flugzeug in eine schwere Gewitterfront fliegt? Bei anderen ist die Angst so groß, dass sie niemals fliegen würden.

Weil wir uns in Gedanken mit Ereignissen beschäftigen, die sich vielleicht in naher oder ferner Zukunft ereignen können, verpassen wir die Freude an der Gegenwart und unserem derzeitigen Leben. So quälte sich mein Mann vor einigen Monaten mit der Sorge, ob er wohl pünktlich von einer Geschäftsreise aus Amerika zurückkommen würde, um an einer wichtigen Familienfeier teilnehmen zu können. Einige Nächte wachte er immer wieder auf und grübelte darüber nach, was wohl wäre, wenn das Flugzeug in Amerika nicht rechtzeitig losfliegen würde. Dann würde er die Anschlussflüge in Amsterdam nicht bekommen und mindestens einen Tag zu spät in Deutschland landen. Die Feier müsste dann ohne ihn stattfinden. Nach einer weiteren schlaflosen Nacht fragte ich ihn eines Morgens am Frühstückstisch: „Denkst du eigentlich, dass du mit dieser Art zu sorgen einen Einfluss darauf hast, ob der Flieger in der nächsten Woche pünktlich oder unpünktlich startet? Durch derartiges Grübeln kannst du den Gang der Dinge nicht beeinflussen, sondern dir nur den Schlaf rauben!"

Was wäre, wenn unser Sohn die Firma nicht übernimmt? Würden wir dann dennoch als Familie zusammenstehen? Was wäre, wenn der Bus verunglückt, mit dem unser Enkelkind jeden Tag zur Schule fährt? Könnte ich so einen schweren Schicksalsschlag verkraften? Was wäre, wenn morgen unsere Ersparnisse nichts mehr wert sind? Was wäre, wenn mein Mann und ich keine Kinder bekommen könnten?

Erstens kommt es anders und zweitens als man denkt. Selbst wenn ich versuche, mich durch Was-wäre-wenn-Fragen auf die Zukunft vorzubereiten, wird es selten so kommen, wie ich es mir vorgestellt habe. Durch ein derartiges Sorgen kann ich den Verlauf des Fluges nicht beeinflussen und genauso wenig die Fähigkeiten des Busfahrers kontrollieren. Diese Art von Fragen und Sorgen machen meine Zukunft weder planbarer noch sicherer, sondern sie nehmen mir heute die Freude und Kraft, meine Gegenwart zu genießen. Es ist gerade so, als ob wir in ein Flugzeug einsteigen, Platz nehmen und noch bevor das Flugzeug abhebt, steigen wir in Gedanken längst am Zielflughafen aus. Dass aber zum Erreichen des Ziels auch der acht Stunden dauernde Flug gehört, klammern wir aus.

Die Zeit zwischen Start und Landung ist keine sinnlose Zeit, die ich einfach nur absitzen muss, sondern geschenkter Moment der Gegenwart. Beim Blick aus dem Fenster genieße ich es, die Welt für eine Zeit von oben zu betrachten. Ich mache mir bewusst, dass ich mich während des Fluges noch nicht einmal um das Gepäck kümmern muss. Das durfte ich vor dem Abflug am Check-in-Schalter abgeben und nach der Landung am Kofferband wieder in Empfang nehmen. Für ein paar Stunden bin ich befreit von diesem Gepäck. Sollte ich das nicht genießen?

Wenn wir lernen, bewusst den Augenblick zu genießen und die Gegenwart anzunehmen, kann auch der Flug zu einer kostbaren Zeit für uns werden. Und nach der Landung sind wir so gestärkt, dass wir das Gepäck wieder in Empfang nehmen können.

Treten Sie den Problemen, die der heutige Tag bringt,

mit der Kraft entgegen, die Sie heute zur Verfügung haben. Die Probleme von morgen haben auch Zeit bis morgen. Heute ist der Tag, dem Sie die volle Aufmerksamkeit schenken können.

Jesus greift diese Gedanken in der Bergpredigt auf, indem er seine Zuhörer auffordert: *Darum sorgt nicht für morgen, denn der morgige Tag wird für das Seine sorgen. Es ist genug, dass jeder Tag seine eigene Plage hat* (Matthäus 6,34).

In dieser Aussage liegt die Einladung, sich dem heutigen Tag bewusst zuzuwenden, ihn aus Gottes Hand zu nehmen und zu gestalten. Mir gelingt diese Haltung, wenn ich jeden neuen Tag im Gebt an Gott abgebe und ihn bitte, dass er mir die Augen öffnet für die Fülle und Schönheit meines Lebens.

Vielleicht können Sie folgendes Gebet auch einmal zu Ihrem Gebet machen:

Herr, ich danke dir für all das Gute und Schöne, das heute mein Leben erfüllt. Ich danke dir für viele Geschenke unverdienter Gnade und bitte dich, dass ich lerne zu genießen, was du mir schenkst. Du siehst, wie mir die Sorgen um die Zukunft manchmal die Lebensfreude rauben wollen. Ich bitte dich, lass mich lernen, heute dankbar zu genießen, was du mir schenkst, und nimm mir die Angst, es könnte morgen alles schon ganz anders sein. Danke, dass du meine Zukunft kennst und ich in dir geborgen bin. Amen.

Anregungen zum Weiterdenken:

- Welche Was-wäre-wenn-Fragen verdunkeln meine Zukunft?

- Kann ich den augenblicklichen Moment genießen – sehe ich all das Gute, das der heutige Tag für mich bereithält?

- Wird meine Zukunft durch meine Zukunftsängste berechenbarer? Wo lähmen mich diese Ängste, heute entscheidende Schritte zu wagen?

6. Erleichterungsschritt: Hör auf, dich mit den anderen zu vergleichen – in fremden Wanderschuhen läuft man sich schneller Blasen.

Das Vergleichen ist das Ende des Glücks und der Anfang der Unzufriedenheit.
Sören Kierkegaard

Eine alte indische Fabel erzählt folgende Geschichte:

Es stand einmal in einem Dorf ein uralter, starker Baum.

Eines Tages wurden alle Dorfbewohner eingeladen, ihre Sorgen, Probleme und Nöte gut verpackt an diesen Baum zu hängen.

Die Bedingung allerdings war, dafür ein anderes Paket mitzunehmen.

Zu Hause wurden die fremden Pakete geöffnet und es

*machte sich Bestürzung breit, denn die Sorgen und Probleme
der anderen schienen deutlich größer zu sein als die eigenen.*

*Und so liefen alle wieder zurück zum alten Baum, nahmen
statt der fremden schnell wieder die eigenen Pakete an sich
und gingen zufrieden nach Hause.*

Wissen Sie, wann eine Wanderung richtig unangenehm
wird? Wenn ich die falschen Schuhe an den Füßen habe.
Dann wird jeder Schritt zur Qual. Pilger, die sich auf eine
lange Pilgertour vorbereiten, laufen ihre Schuhe lange
vorher ein. Kein erfahrener Wanderer würde auf die Idee
kommen, sich für die nächste Wanderung die Schuhe des
Freundes auszuleihen. Wieso kommen wir dann immer
wieder auf die Idee, dass wir mit den Sorgen der anderen
besser umgehen könnten als mit unseren eigenen? Was
macht uns so sicher, dass das Gepäck des anderen leichter ist als unser Rucksack?

„Deine Sorgen möchte ich haben", behaupten wir und
sind uns sicher, dass das Sorgenpaket der anderen halb
so schwer ist wie unseres. Und umgekehrt haben wir vielleicht auch selbst schon erlebt, wie andere uns beruhigen
wollten mit den Worten: „Also darüber musst du dir nun
wirklich keine Sorgen machen." Außer dem Eindruck, dass
der andere uns nicht versteht oder unsere Sorge nicht
wirklich ernst nimmt. hat uns die Aussage nicht weiter-
gebracht. Es steht uns auch nicht zu, dem anderen die
Sorge zuzusprechen oder sie als Bagatelle abzuwerten.

Eine Sorge, die mir eine schlaflose Nacht bereitet, kann Sie völlig unberührt lassen und umgekehrt tragen Sie vielleicht eine Last, die ich leicht schultern könnte.

Sich mit anderen zu vergleichen macht den eigenen Weg nicht leichter. Wichtig ist, dass wir uns mit unseren Lasten und Belastungen gegenseitig wahrnehmen und Verständnis füreinander aufbringen.

Ob die Wanderschuhe des anderen mir wirklich gute Dienste leisten, erfahre ich nur, wenn ich mit den fremden Schuhen auch die fremden Wege laufe – mit allem, was dazugehört. Bin ich dazu wirklich bereit?

Anstatt die Wanderschuhe des anderen zu beneiden, sollten wir darauf achten, dass wir für den Weg, den wir gerade gehen, den geeigneten Schuh anziehen.

Möglicherweise gehen Sie gerade selbst durch ein tiefes Tal und Ihnen fehlt die Hoffnung, dass Ihre Lebensreise jemals wieder Sinn und Freude machen kann. Am liebsten würden Sie umkehren, zurücklaufen oder einfach Stopp rufen! Ein „Zurück" gibt es aber nicht und ein nach „Vorn" scheint zumindest im Moment noch nicht möglich. Alles ist gerade so, als ob Sie an einer unbeliebten Stelle feststecken und weder vor- noch zurückkönnen.

Ja, an manchen Wegbiegungen müssen wir länger verweilen, bis wir eine Ahnung davon bekommen, in welche Richtung der Weg für uns weitergeht. Nehmen Sie sich Zeit. Verlangen Sie nicht von sich selbst, dass Sie sofort im gewohnten Tempo ihren Weg fortsetzen müssen.

Manche werden an Ihnen vorüberziehen und andere werden mit Ihnen innehalten. Das darf so sein. Haben Sie den Mut zu fragen, was Sie selbst gerade brauchen. Äußern Sie Ihre Bedürfnisse. Welche Gefühle bestimmen derzeit Ihren Alltag? Geben Sie der Wut, Enttäuschung und Traurigkeit Raum. Suchen Sie sich Menschen, die in der Lage sind, Sie auf dieser schwierigen Wegstrecke zu begleiten. Nehmen Sie Hilfe an und überfordern Sie nicht sich selbst.

Es kommt der Tag, an dem Sie wieder Kraft und Mut verspüren werden, um Ihren Weg fortsetzen zu können. Und bis dieser Tag da ist, wünsche ich Ihnen Menschen, die an Ihrer Seite aushalten, Sie in den Arm nehmen, Sie mittragen und ermutigen.

In solchen Momenten helfen uns Menschen, die in einer ähnlichen Situation wie wir einen vergleichbaren Rucksack tragen. Dort können wir Verständnis erwarten und im Austausch den einen oder anderen Wandertipp als Ermutigung aufnehmen. Und für unseren eigenen Weg sollten wir überlegen, welches Schuhwerk für die nächste Etappe sinnvoll ist. Besser ist es, für die eigenen Sorgen eine Lösung zu suchen, als für die fremden Sorgen schon die Antwort parat zu haben!

Anregungen zum Weiterdenken:
- In welchen Situationen sollte ich aufhören, mich mit anderen zu vergleichen, damit sich Neid und

Unzufriedenheit nicht weiter in mir ausbreiten können?

- Wo bin ich herausgefordert, eine Wegstrecke anzunehmen und nach dem geeigneten Schuhwerk zu suchen?

Mit der richtigen „Ent-sorgung"
beginnt das Ende der Sorge

Nachdem ich Ihnen mit den sechs Erleichterungsschritten gezeigt habe, was wir in unserem Alltag alles mit uns herumschleppen, möchte ich nun mehr darauf eingehen, wie wir unsere Lasten tragen können. Denn interessanterweise ist es oft gar nicht so entscheidend, *was* wir tragen, sondern wie wir das tragen, was auf unseren Schultern lastet.

Bei der Entscheidung, wie wir eine Last tragen wollen, sind mir bereits die sechs genannten Schritte eine Hilfe. Im Sinne der Fürsorge und Vorsorge mache ich mir bewusst, welchen Beitrag ich leisten kann, um Entlastung zu finden. Ich überlege mir konkrete Schritte, die ich im Blick auf eine Sorge gehen möchte. Was soll ich aber mit den Sorgen, die dann immer noch in meinem Rucksack verbleiben, tun? Wohin mit den Sorgen, die sich nicht so einfach lösen lassen? Manchmal reicht es eben nicht aus, einen guten Tipp oder einen Ratschlag zu befolgen, um ein Problem zu lösen oder eine Sorge loszuwerden.

So wie sich jeden Tag in unserem Haushalt zahlreicher

Müll ansammelt, so häufen sich in bestimmten Lebensphasen bei uns auch Sorgen und Probleme an. Damit wir nicht im Müll untergehen, übernehmen wir in unserem Haushalt Verantwortung dafür und trennen nach Plastik, Papier und Restmüll, sortieren ordentlich und sammeln den Müll in unserer Mülltonne oder den entsprechenden Containern vor dem Haus. Richtig entsorgt wird der Müll aber erst dann, wenn die Müllabfuhr kommt und unsere Tonne leert. Dann kommt der Müll dorthin, wo er wirklich hingehört – auf die Müllhalde! Die Mülltrennung ist also das eine, die richtige Entsorgung das andere.

Im Blick auf unseren Sorgenrucksack kann das bedeuten, dass wir im Sinne der Fürsorge und Vorsorge Verantwortung übernehmen für die Herausforderungen unseres Alltags. Wir haben festgestellt, wie Sorgen unseren Alltag beeinflussen und sich auf unser Leben auswirken. Vielleicht haben Sie im Laufe des Lesens einen Eindruck davon bekommen, wie Sorgen auf uns lasten können und unseren Alltag beschwerlich machen. Ich habe Sie ermutigt, Ihren Sorgenrucksack zu inspizieren und einmal etwas genauer zu prüfen, welche Lasten Sie derzeit schultern. Möglicherweise haben Sie auch schon die Entscheidung getroffen, das eine oder andere Paket auszupacken und zurückzulassen. Aber vielleicht fragen Sie sich jetzt: „Wohin mit dem Müll, den ich ausgepackt habe?"

Auspacken und trennen allein genügt nicht, wir müssen auch den Ort kennen, wo die letzte Entsorgung stattfindet.

Auch auf meinem Lebensweg gab und gibt es Wegstrecken, die schwer und beladen sind. Eine große Zeit der Sorgen erlebte ich, als eine unserer beiden Töchter kurz nach ihrer Konfirmation in eine echte Krise geriet. Ihren Konfirmationsspruch aus Psalm 91 hatte sie sich kurze Zeit vorher selbst ausgesucht. Dort heißt es: Denn er hat seinen Engeln befohlen, dass sie dich behüten auf allen deinen Wegen, dass sie dich auf Händen tragen und du deinen Fuß nicht an einen Stein stoßest (Psalm 91,11-12).

Damals ahnte ich nicht, wie sehr mir dieses Bibelwort noch zum Trost werden würde.

Sie distanzierte sich immer mehr von unserer Familie und der Einfluss von Freunden und Bekanntschaften außerhalb der Familie war enorm hoch. Oft hatte ich den Eindruck, dass unsere Liebe sie nicht mehr erreichte. Ich machte mir große Sorgen und spürte, dass ich kaum Einfluss auf ihre Lebensgestaltung nehmen konnte. Gern hätte ich sie vor manch übler Erfahrung bewahrt. Stattdessen musste ich zusehen, wie sie immer unglücklicher wurde und sich veränderte. In dieser Zeit quälte mich die Sorge um unsere Tochter Tag und Nacht, und ich wünschte mir so sehr, dass sie frei wird von Bindungen, die ihr nicht guttun. Eines Tages in meiner tiefen Verzweiflung wurde ich an ihren Konfirmationsspruch erinnert und in meiner ganzen Not und Verzweiflung flehte ich zu Gott: „Vater, sie ist dein Kind! Du hast versprochen, sie zu behüten und zu bewahren. Ich fühle mich hilflos und ohnmächtig, aber du hast Macht und kannst bewahren. Ich habe Angst um unsere

Tochter, und ich kann so wenig tun, um diese Situation zu verändern. Ich bitte dich, sei du ihr nahe und lass sie nicht los! Ich werfe meine Sorge jetzt auf dich und will dir vertrauen, dass du deine Zusage hältst! Du willst deine Engel um sie stellen und ihr nahe sein! Bitte segne sie und geh den Weg mit ihr."

In diesem Moment wusste ich: Gott fängt mich auf in meiner Angst und ich werde getragen!

Die Probleme waren nicht mit einem Schlag gelöst, aber in mir zog ein tiefer Friede ein, und ich vertraute darauf, dass Gott einen Weg für uns vorbereitet hat.

Als Mütter und Väter haben wir ein großes Vorrecht: Wir dürfen für unsere Kinder beten und sie der liebevollen Fürsorge unseres Vaters im Himmel anvertrauen.

Ähnliches hat Steve erlebt, der mir vor Kurzem seine Geschichte erzählte:

Steve ist Afrikaner und leitet seit einigen Jahren eine internationale Gemeinde in Deutschland. Bisher haben sich die Gemeindeglieder immer in den Räumen einer befreundeten Gemeinde getroffen, doch seit längerer Zeit hatte Steve den Eindruck, dass die Gemeinde eigene Räume brauchte, um weiterwachsen zu können. Was ihn abhielt, in diese Richtung zu gehen, sind die finanziellen Sorgen, denn die Gemeinde hat kaum Geld, um eigene Räume zu unterhalten.

In manch schlafloser Nacht durchdachte Steve alle

Möglichkeiten, er wägte ab, wie viel Geld er wohl selbst noch aufbringen konnte, um eine Miete für neue Gemeinderäume zu zahlen. „Vater, mehr als 150 € haben wir einfach nicht, doch was für einen Raum kann man dafür mieten? Wo soll mehr Geld herkommen?" Immer wieder flehte er zu Gott und bat ihn um den rechten Weg. Die Sorge um das Geld blockierte ihn, weitere Schritte zu gehen. Sein Verstand sagte ihm, dass man für 150 € niemals das mieten könne, was er und die Gemeinde brauchten.

Eines Tages hörte Steve in seiner Stillen Zeit die deutliche Stimme Gottes, die zu ihm sprach: „Steve, jetzt steh auf und geh! Ich werde dir den Weg bereiten! Vertraue mir, dass ich vor dir hergehe und für dich sorge!" Steve ließ seine Sorge los und übergab Gott die Verantwortung, für die Gemeinde zu sorgen.

Zwei Wochen später kam eine junge Frau nach dem Gottesdienst auf ihn zu und erzählte von einem Gebäude, das für die Gemeindepläne wie geschaffen sei.

Steve zögerte nicht lange, vereinbarte einen Besichtigungstermin mit dem Vermieter und staunte nicht schlecht über die schönen Räume. In Gedanken feierte er dort schon den ersten Gottesdienst und träumte von den Menschen, denen er hier von Jesus erzählen könnte. Tief im Herzen spürte er, dass dies der Ort war, den Gott für sie vorbereitet hatte! Gleichzeitig wusste er, dass dieses Haus nicht für 150 € Miete zu haben war.

„Wie hoch ist die monatliche Miete?", fragte er den Vermieter zögerlich.

„1150 €", lautete die Antwort.

1150 € – das sind 1000 € mehr, als wir zur Verfügung haben, schoss es ihm durch den Kopf.

„So viel können wir nicht zahlen, maximal 750 €", antwortete er ohne lange zu überlegen. Und dabei wusste er nicht einmal, wo er die 750 € jeden Monat hernehmen sollte. Der Vermieter erbat sich Bedenkzeit und rief ein paar Tage später bei Steve an, um ihm das Ergebnis mitzuteilen.

„Ich vermiete Ihnen das Haus für 750 €", sagte er und wenige Tage später unterzeichnete Steve den Mietvertrag.

Steve hatte nicht mehr Geld als vor ein paar Monaten, in denen er wegen 150 € schlaflose Nächte hatte, aber er hatte in seinem Herzen die feste Zusage, dass Gott diesen Weg segnet und mitgeht. Inzwischen sind alle Räume renoviert und jeden Sonntag kommen Menschen aus aller Welt, um dort gemeinsam Gottesdienst zu feiern. Steve sagte mir vor Kurzem: „Wegen 150 € konnte ich manche Nacht nicht schlafen, aber in dem Moment, in dem Gott mir klar gesagt hat, dass er den Weg bereitet und mir vorausgeht, wusste ich, dass wir nicht nur 150 €, sondern 750 € Miete bezahlen können. Denn es ist Gottes Sache und er wird für uns sorgen. Obwohl wir jetzt 600 € mehr aufbringen müssen schlafe ich gut, denn ich weiß, dass Gott uns versorgt!"

Steve hat Gott vertraut und erlebt, dass bei ihm kein Ding unmöglich ist. Auf wundersame Weise kann die Miete jeden Monat bezahlt werden und die Gemeinde wächst und blüht unter dem Segen Gottes. Steve ermutigt durch sein Beispiel andere Menschen, Gott zu vertrauen und daran festzuhalten, dass Gott größer ist, als mein Verstand erklären kann. Manchmal verhindern wir durch unser Sorgen und Grübeln, dass Gott wirken kann.

Wie wäre es, wenn Sie den Mut hätten, Ihre Sorgen Gott anzuvertrauen?

Im 1. Petrusbrief, Kapitel 5, Vers 7 heißt es: „All eure Sorgen werfet auf ihn, denn er sorgt für euch!"

Und Jesus selbst hat einmal gesagt: „*Kommt her zu mir, alle, die ihr mühselig und beladen seid; ich will euch erquicken*" (Matthäus 11,28).

Das ist die beste Einladung, die Sie jemals in Ihrem Leben erhalten werden. Durch Jesus ermutigt uns Gott, zu ihm zu kommen. Durch Jesus offenbart sich Gott. Er zeigt uns, wie er wirklich ist: sanftmütig und von Herzen demütig.

Diese Worte aus dem Neuen Testament sind eine herzliche Einladung, unsere Sorgen auf Gott zu werfen. Sie sind gleichzeitig eine Aufforderung, das loszulassen, was zu schwer ist, und darauf zu vertrauen, dass Gott uns versorgt!

Entsorgung beginnt, wenn ich bereit bin, meine Sorgen dorthin zu tragen, wo sie am besten aufgehoben sind. Und dieser Ort ist das Kreuz von Golgatha. An keinem anderen Ort wird deutlicher, wie sehr Gott uns liebt und mit welcher Liebe und Hingabe er unsere Last zu seiner Last gemacht hat. Das Kreuz ist der Ort tiefsten menschlichen Elends, tiefster Verzweiflung, schwerster Schuld, aber gleichzeitig der Ort der Vergebung, des Neuanfangs und der Hoffnung. Das Kreuz ist der Ort, wo alles aus und verloren schien. Sackgasse, Endstation! Und genau von diesem Ort aus beginnt ein neuer, nie geahnter Weg voller Freude und Hoffnung. Golgatha ist der größte menschliche Müllberg, auf dem Gott das Kreuz sichtbar errichtet hat. Auf Golgatha ist Platz für Ihren Sorgenrucksack. Am Fuße des Kreuzes, in der Gegenwart Gottes, können Ihre Sorgen verwandelt und ein neuer Lebensstil trainiert werden!

Was genau es bedeutet, das Entsorgungsangebot Gottes in Anspruch zu nehmen, und wie wir einen neuen Lebensstil einüben können, möchte ich Ihnen an einem Beispiel aus dem Bereich der Leichtathletik deutlich machen:

Sicher kennen Sie die Wurfdisziplin des Kugelstoßens. Beim Kugelstoßen hat der Sportler die Aufgabe, eine schwere Metallkugel durch explosionsartiges Strecken des Armes möglichst weit auf ein Spielfeld zu werfen. Die Kugel kann nur dann weit fliegen, wenn der Sportler die richtige Technik beherrscht. Dafür ist es nötig, zunächst eine 180-Grad-Drehung nach hinten zu machen, eine gebückte Haltung einzunehmen, und dann mit dem richtigen Schwung und einer kraftvollen Drehung in eine aufrechte Haltung zu kommen, den Arm zu strecken und im richtigen Moment die Kugel loszulassen und auf das Spielfeld zu werfen.

So wie der Leichtathlet die Kugel weit von sich stößt, so dürfen wir unsere Sorgenlast Gott vor die Füße werfen. Unsere Aufgabe ist es, die Sorgenlast aus dem Rucksack zu holen, sie in die Hand zu nehmen und uns für die richtige Wurfrichtung zu entscheiden. Im Sinne der Fürsorge und Vorsorge sind wir aufgefordert, Verantwortung für unser Leben zu übernehmen. Aber: Das Sorgen dürfen wir Gott überlassen.

Ob es dem Kugelstoßer gelingt, die Kugel möglichst weit auf das Spielfeld hinauszuschleudern, wird davon abhängen, ob er im entscheidenden Moment bereit ist, seine Hand zu öffnen und die Kugel loszulassen.

Sind Sie bereit, Ihre Sorgen loszulassen und der liebevollen Fürsorge Gottes anzuvertrauen? Ich bin davon überzeugt, dass unser Verhältnis zu Gott eine entscheidende Rolle für den Umgang mit unseren Sorgen spielt.

Er steht längst auf dem Spielfeld bereit, um Ihnen Ihre Last abzunehmen.

Wandern mit leichtem Gepäck bedeutet für mich als Christ: Ich nehme das *Entsorgungsangebot* Gottes für mich persönlich in Anspruch und vertraue Gott die Lasten an, die ich niemals allein tragen kann.

Entscheidend ist also letztendlich nicht das Gewicht meines Rucksacks, sondern die Frage, ob ich Gottes Einladung folge und meine Sorgen bei ihm ablade. Oder mit anderen Worten: Nicht was ich trage ist letztendlich ausschlaggebend, sondern wie ich trage, was ich trage.

Christen wandern mit leichtem Gepäck, wenn sie sich der liebevollen Führung Gottes anvertrauen und ihren Lebensweg gemeinsam mit ihm gestalten. Sie stellen sich den Herausforderungen des Alltags, aber das Sorgen überlassen sie Gott.

Jetzt ist es an der Zeit, Ihren eigenen Sorgenrucksack auf seinen Inhalt zu prüfen. Gibt es auf Ihrer Lebensreise eine Sorge, die immer wieder in Ihrem Kopf auftaucht und Ihren Alltag belastet? Ich nenne solche Sorgen gern Lieblingssorgen, denn sie machen uns großen Kummer und nehmen uns die Freude und den Lebensmut.

Wie ist Ihre Wegstrecke derzeit beschaffen? Ziehen Sie Ihre Straße gerade fröhlich oder lastet Kummer auf Ihnen?

Ich möchte Sie einladen, Ihre Sorgen auszupacken und vor sich selbst und Gott auszubreiten. Welche Gedanken bestimmen Ihren Alltag?

Was lässt Sie nicht zur Ruhe kommen? Wo suchen Sie nach einer Lösung? Welche Anforderungen, Erwartungen und Herausforderungen wachsen Ihnen über den Kopf?

Nehmen Sie sich ein paar Minuten Zeit und überlegen Sie ganz konkret:

1. Was können Sie von Ihrer Seite und mit Ihren Möglichkeiten tun, damit Ihre Lieblingssorge etwas kleiner und leichter wird? Welche Schritte können Sie im Sinne der Fürsorge und Vorsorge gehen?

2. Notieren Sie zwei, drei konkrete Schritte, die Sie in den nächsten Tagen oder Wochen gehen möchten, und überprüfen Sie immer wieder, inwieweit Sie auf diesem Weg vorangehen.

3. Legen Sie Ihre Sorge vertrauensvoll in die liebenden Hände Ihres himmlischen Vaters. Bitten Sie ihn jeden Tag aufs Neue, dass er Ihr Vertrauen stärkt und Ihnen auf ihrem Weg entgegenkommt. Üben Sie wie der Kugelstoßer jeden Morgen das Loslassen Ihrer Sorge und nehmen Sie die Zusagen Gottes über Ihrem Leben persönlich in Anspruch.

Ich möchte Sie ganz persönlich ermutigen: Komm und schütte deinen Sorgenrucksack aus. Pack aus, was tief in ihm verborgen ist und was dich ängstigt und beunruhigt.

Ich kenne einen Ort, an dem Ihre Sorgen gut aufgehoben sind! In den liebevollen Armen Ihres himmlischen Vaters finden Sie *Entlastung*.

Und davon möchte ich Ihnen gern weiterberichten, denn Erleichterung ist möglich – auch für Ihre Last. Welche Sorgenlast auch immer auf Ihnen liegt, ich möchte Ihnen zurufen: „Komm und pack aus! Es gibt einen Ort, an dem deine Sorgen aufgehoben sind. Es gibt einen, der deine Sorgen kennt und versteht und der dir Hilfe anbietet, egal wie groß die Not auch ist!"

Vom Sorgen zum Vertrauen

Im Folgenden möchte ich Sie einladen, einen christus-gemäßen Umgang mit Sorgen einzutrainieren. Anhand einiger Bibelstellen möchte ich mit Ihnen darüber nach-denken, was die Bibel zum Thema Sorge zu sagen hat. Dabei beginnen wir ganz am Anfang der Geschichte Gottes mit den Menschen.

Der Sündenfall
Aber die Schlange war listiger als alle Tiere auf dem Felde, die Gott der HERR gemacht hatte, und sprach zu der Frau: Ja, sollte Gott gesagt haben: Ihr sollt nicht essen von allen Bäumen im Garten?

Da sprach die Frau zu der Schlange: Wir essen von den Früchten der Bäume im Garten; aber von den Früchten des Baumes mitten im Garten hat Gott gesagt: Esset nicht davon, rühret sie auch nicht an, dass ihr nicht sterbet!

Da sprach die Schlange zur Frau: Ihr werdet keineswegs des Todes sterben, sondern Gott weiß: an dem Tage, da ihr davon esst, werden eure Augen aufgetan, und ihr werdet sein wie Gott und wissen, was gut und böse ist.

Und die Frau sah, dass von dem Baum gut zu essen wäre und dass er eine Lust für die Augen wäre und verlockend, weil er klug machte. Und sie nahm von der Frucht und aß und gab ihrem Mann, der bei ihr war, auch davon und er aß.

Da wurden ihnen beiden die Augen aufgetan und sie wurden gewahr, dass sie nackt waren, und flochten Feigenblätter zusammen und machten sich Schurze.

Und sie hörten Gott den HERRN, wie er im Garten ging, als der Tag kühl geworden war. Und Adam versteckte sich mit seiner Frau vor dem Angesicht Gottes des HERRN unter den Bäumen im Garten.

Und Gott der HERR rief Adam und sprach zu ihm: Wo bist du?

Und er sprach: Ich hörte dich im Garten und fürchtete mich; denn ich bin nackt, darum versteckte ich mich.

Und er sprach: Wer hat dir gesagt, dass du nackt bist? Hast du nicht gegessen von dem Baum, von dem ich dir gebot, du solltest nicht davon essen?

Da sprach Adam: Die Frau, die du mir zugesellt hast, gab mir von dem Baum und ich aß.

Da sprach Gott der HERR zur Frau: Warum hast du das getan? Die Frau sprach: Die Schlange betrog mich, sodass ich aß.

1. Mose 3,1-13

In dieser Geschichte, die uns die Bibel als den Sündenfall erzählt, finden wir den Ursprung aller Sorge.

„Sollte Gott etwa gesagt haben?" Mit diesen wenigen Worten weckte die Schlange ganz geschickt tiefes Misstrauen zwischen Adam, Eva und Gott. Und mit einem Schlag war das Vertrauensverhältnis gestört. Adam und Eva stellten infrage, ob Gott es wirklich gut mit ihnen meinte oder ob er ihnen nicht vielleicht etwas vorenthielt. In diesem Moment war die Sorge geboren. Und von dieser Zeit an war das Leben von Adam und Eva nicht mehr unbelastet und frei, sondern geprägt von Sorge, Mühe und Last. Ihr Misstrauen zerstörte die Beziehung zu ihrem Schöpfer. Und auch heute noch ist Misstrauen der größte Beziehungskiller – zwischen Gott und Mensch und auch in allen zwischenmenschlichen Beziehungen. Und wo Menschen anfangen, misstrauisch zu werden, da öffnen sie weit die Tür für Streit und Hass, für Leid und Egoismus, für Eifersucht und vieles mehr.

Die Bibel ist voll von Geschichten, die uns genau das berichten: Immer wieder zweifeln Menschen an der Liebe Gottes und versuchen aus eigenen Stücken heraus ihr Leben zu gestalten. Kain hat Angst, zu kurz zu kommen und erschlägt aus Neid seinen Bruder Abel (1. Mose 4,1-16). Josef wird von seinen eigenen Brüdern in die Sklaverei verkauft, weil Eifersucht ihr Herz regierte (1. Mose 37).

Das Volk Israel zweifelte immer wieder an der Liebe und Fürsorge Gottes. Und aus diesem Misstrauen heraus übernahmen sie nicht selten selbst die Führung und sind ihre eigenen Wege gegangen.

Bis heute halten diese Fragen an: „Sollte Gott es wirklich gut mit mir meinen? Sollte Gott tatsächlich ein Interesse daran haben, wie es mir geht?"

Ja! Uneingeschränkt: Ja! Gott meint es gut mit Ihnen und er wünscht sich nichts sehnlicher als eine liebevolle und intensive Beziehung zu Ihnen. Deshalb hat er seinen Sohn in diese Welt gesandt, um die Beziehung zwischen Ihnen und ihm wiederherzustellen. Aus lauter Liebe und Sehnsucht zu Ihnen hat Jesus den Weg ans Kreuz auf sich genommen und ein für alle Mal den Weg zum Vater wieder frei gemacht. Sein ganzes Leben war eine Einladung, sich der Liebe und Fürsorge des Vaters anzuvertrauen und seinen Worten und Verheißungen Glauben zu schenken. Dabei weiß dieser Jesus sehr wohl, wie viel Mühe und Sorge uns das Leben machen kann. Und trotzdem fragen wir uns manchmal, ob wir diesem Gott wirklich vertrauen können, besonders dann, wenn uns das Leben viel abverlangt und der Weg nur noch steinig, mühsam und unbequem ist.

Unsere jüngste Tochter träumt seit vielen Jahren davon, irgendwann einmal einen Fallschirmsprung zu machen. Irgendwie liegt in diesem Sprung für sie ein großer Reiz und eine große Faszination. Wenn ich mich mit ihr darüber unterhalte, dann glänzen ihre Augen, und fast habe ich den Eindruck, dass sie gedanklich schon hundertfach aus dem Flieger gesprungen ist. Sie stellt sich vor, wie es sich wohl anfühlen mag, so kurz vor dem Absprung die Welt von oben zu betrachten und dann endlich loszufliegen.

Durch die Luft langsam nach unten zu gleiten, das Gefühl von Freiheit und Grenzenlosigkeit zu spüren, das Kribbeln im Bauch und dann die Landung am Boden. All das sind Vorstellungen, die sie mit diesem Fallschirmsprung verbindet. Aber wissen Sie was?

Wie es sich wirklich anfühlt, wird sie erst erfahren, wenn sie eines Tages diesen Traum verwirklicht und tatsächlich den Mut hat, den Fallschirmsprung aus dem Hubschrauber zu wagen. Dafür wird es nötig sein, sich einem erfahrenen Fallschirmspringer anzuvertrauen, der sie mitnimmt auf den Flug durch die Lüfte.

Ähnlich ist es mit unserer Beziehung zu Jesus. Wir können viel von ihm hören, uns von anderen erzählen lassen und theoretisch davon ausgehen, dass es einen Gott im Himmel gibt. Aber ob dieser Gott für uns persönlich erlebbar und erfahrbar wird, dass finden wir nur heraus, wenn wir uns auf eine Beziehung mit ihm einlassen. Wenn wir ihm unser Vertrauen schenken und ein Leben mit ihm wagen. Wenn wir ihm zutrauen, dass er uns sicher ans Ziel bringt, auch wenn uns der Wind manchmal stürmisch entgegenweht und Nebel uns die Sicht versperrt. Jesus ist der beste Tandemspringer, den Sie sich für ihr Leben wünschen können!

Vom falschen Sorgen zum richtigen Sorgen

Wenn Sie mögen, hören Sie doch auf das, was Jesus in der Bergpredigt zum Thema Sorgen sagt:

Deswegen sage ich euch: Sorgt euch nicht um euer Leben und darum, dass ihr etwas zu essen habt, noch um euren Leib und darum, dass ihr etwas anzuziehen habt. Ist nicht das Leben wichtiger als die Nahrung und der Leib wichtiger als die Kleidung? Seht euch die Vögel des Himmels an: Sie säen nicht, sie ernten nicht und sammeln keine Vorräte in Scheunen; euer himmlischer Vater ernährt sie. Seid ihr nicht viel mehr wert als sie? Wer von euch kann mit all seiner Sorge sein Leben auch nur um eine kleine Zeitspanne verlängern? Und was sorgt ihr euch um eure Kleidung? Lernt von den Lilien, die auf dem Feld wachsen: Sie arbeiten nicht und spinnen nicht. Doch ich sage euch: Selbst Salomo war in all seiner Pracht nicht gekleidet wie eine von ihnen. Wenn aber Gott schon das Gras so prächtig kleidet, das heute auf dem Feld steht und morgen ins Feuer geworfen wird, wie viel mehr dann euch, ihr Kleingläubigen! Macht euch also keine Sorgen und fragt nicht: Was sollen wir essen? Was sollen wir trinken? Was sollen wir anziehen? Denn um all das geht es den Heiden. Euer himmlischer Vater weiß, dass ihr das alles braucht. Euch aber muss es zuerst um sein Reich und um seine Gerechtigkeit gehen; dann wird euch alles andere dazugegeben. Sorgt euch also nicht um morgen; denn der morgige Tag wird für sich selbst sorgen. Jeder Tag hat genug eigene Plage (Matthäus 6,25-34).

Jesus erzählt in diesem Abschnitt davon, dass es ein richtiges und falsches Sorgenverhalten geben kann. Er macht uns deutlich, dass wir durch Sorgen unser Leben weder berechenbarer noch sicherer machen können. Es ist also nicht hilfreich, sich immer wieder im Kreis zu drehen und über die alltäglichen Dinge zu grübeln. Vielmehr dürfen wir von den Vögeln auf dem Feld lernen, die weder säen noch ernten und dennoch auf wunderbare Weise von ihrem himmlischen Vater versorgt werden. Und dann sagt Jesus diesen liebevollen Satz: „Ihr seid doch viel wertvoller als die Vögel auf dem Feld!" Wenn Gott dafür sorgt, dass die Vögel gut leben können, wie viel wichtiger ist es ihm, dass seine Kinder alles zum Leben haben, was sie brauchen.

Sie sind Gottes geliebte Tochter, Sie sind Gottes geliebter Sohn. Nichts ist ihm wichtiger, als für Ihr Leben zu sorgen. Es ist ihm nicht egal, wie es Ihnen geht und welche Ängste Sie plagen. Schon bevor Sie am Morgen erwachen, weiß er genau, was Sie an diesem Tag zum Leben brauchen, und er kümmert sich um Ihre Lebensumstände. Und deshalb sagt Jesus: Um diese ganz alltäglichen Dinge braucht ihr euch nicht zu sorgen. Wenn ihr euch darüber Sorgen macht, dann drückt ihr damit eigentlich nur euren Kleinglauben aus. Ihr macht deutlich, dass ihr es Gott gar nicht zutraut, dass er sich um all diese Dinge kümmert. Für all das ist längst gesorgt.

„Sorgt euch lieber um Gottes Reich und seine Gerechtigkeit!" oder anders ausgedrückt: „Wenn ihr euch schon Sorgen macht, dann um die Dinge, die wirklich für euer Leben entscheidend sind." Jesus sagt also nicht, dass wir uns überhaupt nicht kümmern und sorgen sollen oder dass es falsch wäre, Konzepte zu entwickeln und Verantwortung zu übernehmen.

Doch leider ist unser Denken, Handeln und Sorgen meistens auf das Irdische, auf den Moment oder die aktuelle Situation ausgerichtet. Und bei einem derartigen Sorgen drehen wir uns meistens um uns selbst. Jesus möchte unseren Blick aber verändern und in eine neue Richtung lenken. Er lehrt uns, dass es klug ist, nach dem zu fragen, was Gott am Herzen liegt und was ihm wichtig ist. Er fordert uns heraus, darüber nachzudenken, was unserem Leben Halt gibt. Damit lenkt er unseren Blick in eine Richtung, die weit über das hinausgeht, was unseren Alltag derzeit bestimmt – die Ewigkeit, das, was bleibt, selbst wenn alles andere vergeht. Und deshalb sagt er: „Macht euch vielmehr Gedanken darüber, was über euer irdisches Leben hinaus Bestand hat. Klammert euch nicht zu sehr an das, was ihr gerade erlebt, sondern macht euch bewusst, dass es mehr gibt, als das, was gerade euer Leben bestimmen möchte."

Jesus lädt uns also ein, dem Hier und Jetzt etwas

weniger Bedeutung zu schenken und uns stattdessen bewusst zu machen, dass er eine Ewigkeit für uns bereithält, in der all das, was uns jetzt Kummer, Angst und Sorge bereitet, keine Rolle mehr spielen wird. Er möchte, dass wir Gottes Anliegen auf unser Herz nehmen und verspricht im Gegenzug, dass unser himmlischer Vater uns mit allem versorgt, was wir hier zum Leben brauchen.

Wer über dieses Leben hinaus eine Zukunft bei Gott hat, wird seiner Alltagslast anders begegnen können. Das durfte ich vor Kurzem selbst wieder neu begreifen, als ich zu einer Konzertlesung von Samuel Koch eingeladen wurde.

Samuel Koch zog sich bei einer Sportwette in der Sendung „Wetten, dass ...?" am 4. Dezember 2010 so schwere Verletzungen zu, dass er seitdem vom Halswirbel an gelähmt ist und im Rollstuhl sitzt. Während dieser Konzertlesung las der 25-Jährige Passagen aus seinem Buch und erzählte von seiner Beziehung zu Gott. Sein Glaube und seine Hoffnung auf ein Leben nach dem Tod in der Herrlichkeit bei Gott geben ihm in der Gegenwart die Kraft, seine Situation anzunehmen und nicht zu verzweifeln. Und dazu hätte er wahrlich jeden Grund.

Samuel Koch hat trotz dieses schweren Schicksalsschlags die Hoffnung noch nicht aufgegeben, dass er vielleicht eines Tages wieder laufen kann. Und wenn Gott dieses Wunder in seinem Leben nicht wirkt, dann – so ist er überzeugt – wird er ihm die Kraft schenken, seine Situation anzunehmen, um nicht an dieser Last zu zerbrechen.

Er sagte an diesem Abend den bemerkenswerten Satz: „Was sind schon die paar Jahre, die ich hier vielleicht an den Rollstuhl gebunden bin, gegen die Ewigkeit bei Gott, wo ich wieder laufen, springen und tanzen werde!"

Von der gebückten Haltung zum aufrechten Gang

Sorgenvolle Menschen sind oft schon an ihrem Blick und ihrer Körperhaltung zu erkennen. Während ein zuversichtlicher und fröhlicher Mensch aufrecht und mit neugierig erhobenem Kopf seine Straße zieht, begegnet uns ein sorgenvoller und ängstlicher Mensch meistens in einer leicht gebückten Haltung und mit gesenktem Blick. Wer sich traut, trotz Angst und Sorge den Kopf zu heben und den Sorgen ins Gesicht zu schauen, wird außer seinen Sorgen auch noch andere erstaunliche Dinge erblicken. Um diesen Gedanken zu illustrieren, möchte ich Ihnen eine Geschichte erzählen:

Ein Seiltänzer hat sein Seil über den Marktplatz einer Kleinstadt gespannt. Am Abend will er bei einbrechender Dämmerung eine Vorführung geben. Als es endlich so weit ist, wird das dünne Drahtseil von einem hellen Scheinwerferlicht angestrahlt. Die Menschen stehen gespannt unten auf dem Marktplatz und schauen nach oben. Sie warten auf die Darbietung des Künstlers. Gerade in dem Moment, als der Seiltänzer den Fuß auf das dünne Seil setzen will, sieht er, wie ein kleiner Junge die Leiter zu ihm nach oben geklettert kommt. Völlig aufgeregt fragt der Künstler den kleinen Jungen, was er denn in dieser Höhe zu suchen habe.

„Ich möchte mit dir über das dünne Seil", antwortet der Junge.

„Ja, aber hast du denn keine Angst?", fragt der Seiltänzer den Jungen.

„Nein, warum sollte ich denn Angst haben, du bist doch bei mir!", entgegnet der Junge.

Und dann hebt der Mann den kleinen Junge vorsichtig auf seine Schultern und setzt zum Erstaunen der Menschenmenge einen Fuß auf das Seil.

Um das Kind von der Tiefe abzulenken, sagt der Seiltänzer zu dem Jungen: „Du, schau mal nach oben, wie herrlich die Sterne am Himmel funkeln."

Der Junge hebt den Kopf nach oben und schaut gespannt in den nächtlichen Sternenhimmel. Und solange der Junge den Blick nach oben wendet, denkt er nicht an die Gefahr, die in der Tiefe lauert. Der Seiltänzer bringt den kleinen Jungen sicher über das Seil, weil der Junge den Blick nach oben und nicht nach unten gerichtet hatte.

Ich gehe davon aus, dass die wenigsten Menschen schon einmal in schwindelnder Höhe über ein Drahtseil balanciert sind. Das sollten wir auch wirklich denen überlassen, die das gut können und lange genug geübt haben, damit nichts passiert.

Aber nichtsdestotrotz kennen wir Situationen in unserem Leben, die einem Tanz auf einem dünnen Drahtseil gleichen. Situationen, in denen die Gefahr lauert, im nächsten Moment abzurutschen und in die Tiefe zu stürzen. Situationen, in denen wir uns haltlos fühlen und den sicheren Boden unter unseren Füßen nicht mehr spüren. Situationen, in denen wir Angst haben und unruhig sind, in denen wir nach Hilfe und Halt Ausschau halten. Wann haben Sie sich in letzter Zeit Hilfe und Unterstützung gewünscht?

Wann hätten Sie so jemanden wie den Mann auf dem Drahtseil gebraucht, der Sie auf seine Schultern gesetzt und Ihnen über das Seil geholfen hätte?

Woher kommt mir Hilfe, wenn ich in Angst und Gefahr bin? Wer ist da in meiner Not? Wer sieht meine Verzweiflung? Wer kennt meine Sorgen und Tränen, meine Ängste vor der Zukunft?

Menschen haben sich zu allen Zeiten immer wieder diese Frage gestellt: Woher kommt mir Hilfe?

Schon vor mehr als dreitausend Jahren haben Menschen nach Hilfe und Halt Ausschau gehalten und sie sind nicht in diesen Fragen stecken geblieben. Nur deshalb konnte ein Psalmbeter auch das folgende Gebet sprechen, das heute zu einem der bekanntesten Psalmen unserer Bibel zählt:

Psalm 121

Ich hebe meine Augen auf zu den Bergen. Woher kommt mir Hilfe? Meine Hilfe kommt vom Herrn, der Himmel und Erde gemacht hat.

Er wird deinen Fuß nicht gleiten lassen, und der dich behütet, schläft nicht. Siehe, der Hüter Israels schläft und schlummert nicht.

Der Herr behütet dich. Der Herr ist dein Schatten über deiner rechten Hand, dass dich des Tages die Sonne nicht steche noch der Mond des Nachts.

Der Herr behüte dich vor allem Übel, er behüte deine Seele. Der Herr behüte deinen Ausgang und Eingang von nun an bis in Ewigkeit.

Dieser Psalm ist ein sogenanntes Wallfahrtslied. Mindestens einmal im Jahr pilgerten die Menschen zur Zeit des Alten Testaments nach Jerusalem in den Tempel, um dort Gott anzubeten. Anschließend an ihren Tempelbesuch beteten dann die Wallfahrer am Jerusalemer Stadttor diese Worte, bevor sie den beschwerlichen Heimweg wieder antraten. Die Wanderung führte durch das Bergland von Judäa, und es gab keine ausgebauten Straßen und Wege. Auch ein schöner schattiger Platz, an dem man sich ein wenig hätte ausruhen können, war nur schwerlich zu finden. Noch dazu lauerten überall wilde Tiere. Eine Wegstrecke voller Gefahren lag also vor den Pilgern. Und vielleicht hatte der eine oder andere in der

Vergangenheit bereits seine leidvollen Erfahrungen mit dieser Tour gemacht.

Wenn ich heute diesen Psalm lese, stelle ich mir vor, wie der Psalmbeter am Stadttor von Jerusalem noch einmal kurz innehält, zu den hohen Bergen hinausschaut und mit seinem Gott ins Gespräch kommt.

Im Laufe seines Lebens hat er die Erfahrung gemacht, dass das Leben eben nicht in einem abgeschlossenen, behüteten Raum stattfindet wie zum Beispiel im Tempel, sondern dass das Leben immer wieder bedroht sein kann und überall Gefahren lauern, die so mächtig erscheinen wie diese hohen Berge.

Weil dieser Psalm so Mut machend ist, möchte ich ihn im Folgenden noch einmal Vers für Vers ansehen und seine auch noch heute geltenden Zusagen betrachten.

Gleich zu Beginn des Psalms stellt der Wallfahrer die für ihn allerwichtigste Frage: Woher kommt mir angesichts der drohenden Gefahren Hilfe?

Meine Hilfe kommt von dem Herrn, der Himmel und Erde gemacht hat (Vers 2).

Die Antwort ist klar und eindeutig. Seine Hilfe kommt von Gott, der sogar Himmel und Erde erschaffen hat. Was für eine tolle Ermutigung für den Weg, der vor ihm liegt und dessen Verlauf ihm unbekannt ist.

Er wird deinen Fuß nicht gleiten lassen, und der dich behütet, schläft nicht (Vers 3). *Siehe, der Hüter Israels schläft noch schlummert nicht* (Vers 4).

Er staunt über die Größe und Macht Gottes. Gott ist so groß, dass er zu keiner Zeit schläft, weder am Tag noch in der Nacht lässt er die Menschen allein. Er ist derjenige, der jeden unserer Schritte im Blick hat und der dafür sorgt, dass wir in Sicherheit unseren Weg gehen können. Seine Fürsorge ist so groß, dass er noch nicht einmal schlummern würde. In jedem Augenblick gibt er auf uns acht.

Der Herr behütet dich, der Herr ist dein Schatten über deiner rechten Hand (Vers 5).

Gott ist wie ein Schatten, der ständig da ist und über dem wacht, was unsere Hände tun. Bei den meisten Menschen ist die rechte Hand die stärkere Hand, also die Hand, mit der die Aufgaben erledigt werden. Die rechte Seite war früher in Israel die Seite, an der der Rechtsbeistand Platz genommen hat. Wir können diese Aussage so deuten, dass Gott derjenige ist, der uns in schwierigen Situationen beisteht und verteidigt.

Dass dich am Tage die Sonne nicht steche noch der Mond des Nachts (Vers 6).

Gott ist am Tag da, wenn die Sonne uns die letzten Kräfte rauben will, wenn die Hitze uns niederdrückt und der Alltag beschwerlich ist. Und auch in der Nacht wacht er über unseren Träumen und umsorgt uns, wenn quälende Gedanken uns den Schlaf rauben wollen.

Der Herr behüte dich vor allem Übel, er behüte deine Seele. Der Herr behüte deinen Ausgang und Eingang von nun an bis in Ewigkeit (Verse 7+8).

Die Verse 7 und 8 beinhalten die letzte große Schluss-
bitte für die Wallfahrer. Unter dem Segen und dem Schutz
seines Gottes begibt er sich auf die Reise. Er wünscht sich,
dass der Herr seinen Ausgang aus Jerusalem bis hin zum
nächsten Eingang bewahren möchte. Für uns heute könnte es heißen: Der Herr behüte dich von einem Tag zum
nächsten.

Für mich persönlich ist der 121. Psalm ein großer Psalm
der Ermutigung und Stärkung für meinen Lebensweg. Drei
Dinge macht er mir deutlich:

1. Auf die Blickrichtung kommt es an

Vor Kurzem hatten wir in unserem Team in der Kirchen-
gemeinde eine sehr angeregte Diskussion mit unseren
jugendlichen Mitarbeitern. Sie fühlten sich von uns nicht
verstanden und hatten den Eindruck, dass wir sie nicht
ernst genug nehmen. Schnell war klar, dass sich einige
Missverständnisse aufgebaut hatten, die zu Unklarheiten
führten. In diesem Zusammenhang fiel mir einen Tag
nach unserem Gespräch eine Karte in die Hände, auf der
folgender Spruch stand: *Um deutlicher zu sehen, genügt
manchmal schon ein Wechsel der Blickrichtung.*

Wenn wir uns etwas mehr bemüht hätten, die Dinge
aus dem Blickwinkel der Jugendlichen zu sehen, dann
wäre uns vermutlich schneller bewusst geworden, dass
die Jugendlichen manche Dinge einfach anders sehen als
wir.

Oder erinnern wir uns noch mal an die Geschichte von dem Seiltänzer und dem kleinen Jungen. Hier trifft das doch auch zu. In dem Moment, in dem der Junge den Blick in den Himmel gerichtet hat, kann der Seiltänzer ihn wohlbehalten über das hohe Drahtseil bringen. Der tiefe, gefährliche Abgrund war nach wie vor da, aber der Junge hatte etwas anderes im Blick, nämlich den Sternenhimmel. Und so verlor der Abgrund einen Moment an Bedeutung.

Auch der Psalmdichter wendet sein Gesicht nach oben. Er wendet sich Gott zu. Der Blick nach oben zu Gott eröffnet ihm eine neue Sicht der Dinge. Ja, die Berge ringsherum sind da, aber über alledem steht Gott, der größer ist als menschliche Ängste und Gefahren.

In welche Richtung blicken Sie, wenn Sie in schwierigen Situationen stecken oder wenn unklare Wege vor Ihnen liegen? Schaue Sie immer nur auf das, was schwierig ist und Ihnen Angst macht, oder wenden Sie bewusst Ihren Blick nach oben und richten sich neu auf Gott hin aus? Von wem erwarten Sie Hilfe? Auf die Blickrichtung kommt es an!

2. Der richtige Begleiter ist wichtig

Es ist immer wieder spannend, mit Jugendlichen auf Freizeiten zu fahren. Besonders beliebt – zumindest bei den Mitarbeitern – sind die nächtlichen Geländespiele. Bei unserer letzten Freizeit schickten wir die Jugendlichen am späten Abend in der Dunkelheit in ein nahe gelegenes Waldstück. Sie durften keine Taschenlampen mitnehmen und immer nur zu zweit oder dritt unterwegs sein. Ihre Aufgabe war es nun, im Wald kleine Knicklichter zu finden und diese einzusammeln. Sobald wir Mitarbeiter sie dabei erwischten, durften wir ihnen die Lichter aber auch wieder abnehmen. Sie können sich sicher vorstellen, dass besonders die noch recht jungen Konfirmanden im Wald und ohne Licht mächtig viel Angst hatten. In solchen Situationen ist es gut, wenn man jemanden an seiner Seite hat, auf den man sich verlassen kann. Gut, wenn einer die Orientierung behält und sich auskennt. Gut, wenn einer keine Angst vor der Dunkelheit hat. Gut, wenn mich einer auf dem Weg ermutigt.

Der kleine Junge hatte offensichtlich großes Vertrauen in den Seiltänzer. Nur deshalb konnte er es wagen, mit ihm gemeinsam auf das Seil zu gehen. Er hat es ihm zugetraut, dass er die Verantwortung übernimmt. Und er hat das getan, was der Seiltänzer ihm gesagt hat: Schau nach oben in den Himmel!

Und wie ist das in unserem Leben? Auf wen können wir uns verlassen, wer geht mit uns und bleibt an unserer Seite, wenn wir ängstlich sind oder in Gefahr? Auf welche Stimmen hören wir? Wem trauen wir zu, dass er den Weg über das dünne Drahtseil kennt?

Der Psalmbeter des 121. Psalms hat sich nach seinem Aufenthalt im Jerusalemer Tempel wieder ganz neu auf

Gott hin ausgerichtet. Gestärkt durch das, was er im Tempel erlebt hat, war er sich sicher, dass Gott ihn auch im Alltag begleiten würde. Die Hitze des Tages und die Träume der Nacht, um all das würde Gott sich sorgen.

Auch wir brauchen in unserem Leben Orte, an denen wir auftanken können. Orte, wo wir uns bewusst machen, dass Gott da ist und dass er für uns sorgt. Für mich ist das immer wieder der Gottesdienst am Sonntag oder die Begegnung mit anderen Christen. Natürlich auch die Zeiten der persönlichen Stille vor Gott und das Lesen in der Bibel. Ich bin froh, dass Gott mein Begleiter durchs Leben ist und nicht zuletzt ist er uns in Jesus Christus noch mal auf eine ganz besondere Weise nahegekommen. Wenn ich mich ihm anvertraue, dann habe ich den besten Begleiter für mein Leben gefunden.

3. Der erste Schritt muss weise gewählt werden

Dem kleinen Jungen auf dem Drahtseil hätte sein ganzes Vertrauen nichts genützt, wenn er nicht tatsächlich mit auf das dünne Seil gegangen wäre. Er hätte durchaus auch sagen können: Ja, ich traue dir zu, dass du mich da heil rüberbringst, aber ausprobieren will ich es lieber nicht.

Und hätte der Psalmbeter die Tore von Jerusalem nicht verlassen, dann hätte er nie die Erfahrung gemacht, dass Gott hilft und beschützt. Dass Gott hält, trägt und beschützt, erleben wir nur, wenn wir im ganz normalen Alltag mit ihm unterwegs sind. Wenn wir ihm unsere kleinen und großen Sorgen anvertrauen. Wenn wir mit ihm die Hitze des Tages und die Träume unserer Nacht teilen.

Es kommt also auch bei uns immer wieder darauf an, den ersten Schritt auf Gott hin zu wagen. Ein solcher Schritt könnte vielleicht heißen: Ja Herr, mit dir will ich unterwegs sein. Von dir erwarte ich die Hilfe, die ich heute brauche. Dir traue ich zu, dass du mich führst. Dir vertraue ich, dass du meine Schritte bewachst!

Obwohl der Psalm 121 schon sehr alt ist, hat er für mich an Aktualität nichts verloren. Und deshalb möchte ich ihn Ihnen als Ermutigung für Ihren Lebensweg zusprechen.

Ich weiß nicht, wie es Ihnen gerade geht. Vielleicht empfinden Sie Ihr Leben im Augenblick auch als eine große Herausforderung. Vielleicht erleben Sie gerade persönliche Not und Angst. Oder es liegt ein Weg vor Ihnen, der sehr unsicher und mühevoll erscheint. Vielleicht denken Sie jetzt aber auch an andere Menschen, die momentan in einer persönlichen Krise stecken.

Machen Sie sich bewusst, dass Gott Sie liebt und für Sie sorgt. Er allein weiß, wie es Ihnen geht. Er wird es nicht zulassen, dass Sie zu Fall kommen. Er möchte Sie auf Ihren Wegen begleiten. Wichtig ist nur, dass Sie ihn nicht aus den Augen verlieren und Ihren Blick immer wieder zu ihm hinwenden. Vertrauen Sie ihm. Und vielleicht können Sie dann ähnlich wie der kleine Junge in unserer Geschichte am Anfang sagen: „Warum sollte ich denn Angst haben? Du bist doch bei mir! Mit dir wage ich auch den nächsten

Schritt, denn du wirst dafür sorgen, dass ich am Ende sicher ans Ziel komme!"

Ich wünsche Ihnen von Herzen den Segen unseres Herrn. Möge er schützend seine Hand über Sie halten und Ihnen die Gewissheit schenken, dass er in Ihrer Nähe bleibt und über Ihnen wacht!

Unser Lebensweg ist Gottes Herzensangelegenheit – ein Nachwort

Liebe Leserin, lieber Leser!

Würden Sie gern einen mühsamen Weg auf sich nehmen, ohne zu wissen, wohin der Weg Sie führt? Jede Wanderung braucht ein Ziel, an dem es sich lohnt anzukommen. Die Aussicht auf ein herrliches Ziel motiviert mich zum Aufbruch und gibt mir Kraft, auch schwierige Passagen zu überwinden.

So ist es auch mit unserer Lebensreise. Seit unserer Geburt sind wir unterwegs durch unser Leben. Und wir laufen alle auf ein Ziel zu. Kennen Sie Ihr Ziel und den Weg, der Sie dorthin führt? Irgendwann kommen wir alle an und es gibt nichts Schöneres, als dann zu wissen: Hier bin ich richtig! Hier werde ich erwartet! Der Weg hat sich gelohnt!

Nun sind wir eine Weile miteinander unterwegs gewesen und an dieser Stelle trennen sich unsere Wege. Wo auch immer Sie gerade stehen, ob Ihr Weg leicht und unbeschwert ist oder eher mühevoll und belastet – ich wünsche Ihnen von Herzen, dass die Gedanken dieses Buches

Ihnen helfen, Ihre Lebensreise ermutigt und gestärkt fortzusetzten. Zu allen Zeiten sind Menschen aufgebrochen, Lebenswege gegangen, über Steine gestolpert, gefallen und wieder aufgestanden. Auch dem Volk Israel zur Zeit des Alten Testaments ist es so ergangen. Einst sind sie aufgebrochen mit der Zusage, dass Gott sie in ein neues Land führt, raus aus der Sklaverei, hinein in die Weite und Freiheit. Voller Erwartungen, Freude und Hoffnung haben sie sich auf den Weg gemacht. Doch bald verloren sie Gott und seine Zusagen aus den Augen. Sie hatten Mühe, Gott zu vertrauen, und nicht selten übernahmen sie selbst die Regie und wendeten sich von Gottes Weisungen ab. Oft fehlte ihnen der Glaube daran, dass Gott an ihrer Seite ist. Und so zogen sie vierzig Jahre durch die Wüste, ehe sie das Land einnehmen konnten, das Gott ihnen verheißen hatte.

Ich stelle mir vor, wie das Volk Israel immer wieder gemurrt und gehadert hat, denn die Wüste ist nicht gerade der Ort, an dem man vierzig Jahre seines Lebens verbringen möchte. Vierzig Jahre Wüste bedeuten Sorgen, Ängste, Entbehrungen, Hunger, Durst, Hitze und endlos lange Wege ohne ein Ziel in Sicht.

Mose, der von Gott berufen war, das Volk zu führen und zu leiten, litt manchmal unter den großen Herausforderungen, die tagaus, tagein zu bewältigen waren. Als Mittler zwischen Gott und dem Volk suchte er immer wieder die Nähe und Gegenwart Gottes und lernte, Schritt für

Schritt weiterzugehen. Doch am Ende dieses mühevollen Weges und im Rückblick auf vierzig Jahre Wüstenwanderung durfte das Volk Israel eine wunderbare Entdeckung machen. Sie ist nachzulesen im 5. Buch Mose, Kapitel 2, Vers 7. Dort heißt es:

Denn der Herr, dein Gott, hat dich gesegnet in allen Werken deiner Hände. Er hat dein Wandern durch diese große Wüste auf sein Herz genommen!

Vierzig Jahre Wüste, und Gott ist an jedem Tag dabei gewesen! Mehr noch: Er hat die Wanderung seines Volkes auf sein Herz genommen, sozusagen zu seiner Herzensangelegenheit gemacht!

Und genau das darf auch für Ihren Lebensweg gelten: Gott nimmt Ihre Wanderung auf sein Herz, egal, ob der Weg durch die Wüste oder über bunte Blumenfelder führt. Ihre Lebensreise ist seine Herzensangelegenheit. Gott hat einen guten Weg für Sie im Blick.

In Jesus Christus schenkt Gott Ihnen einen zuverlässigen Wegbegleiter. Er möchte Sie in die Weite führen, raus aus den Sorgen hin zu einem Leben voller Hoffnung und Vertrauen. Ich wünsche Ihnen von Herzen, dass Sie sich Jesus Christus anvertrauen und gemeinsam mit ihm den Reichtum und die Fülle Ihres Lebens neu entdecken.

Das Leben lohnt sich – jeden Tag aufs Neue!

Herzlichst Ihre

Katja Bernhardt

Dank

Ohne die Ermutigung durch andere Menschen wäre dieses Buch nicht entstanden. Deshalb möchte ich all denen danken, die mich bei diesem Abenteuer begleitet haben:

Ich danke meiner Familie, die mir immer mit Rat und Tat zur Seite steht und meinen Dienst unterstützt. Danke an Ruth Harmsen für deine freundschaftliche und kompetente Unterstützung. Danke an den Verlag Gerth Medien für die Möglichkeit, dieses Buch zu schreiben. Danke all den Menschen, die mich an ihrem Lebensweg teilhaben lassen und dadurch die Gedanken zu diesem Buch in mir angeregt haben. Der größte Dank aber gilt meinem Herrn, der mich auf meiner Lebensreise immer wieder segnet und mit dem ich gern meinen Weg weitergehen möchte!

Verlagsgruppe Random House FSC® N001967
Das für dieses Buch verwendete FSC®-zertifizierte Papier
Enso Classic 95 liefert Stora Enso, Finnland.

Die in diesem Buch verwendeten Bibelstellen wurden der folgenden
Übersetzung entnommen:
Hoffnung für alle®, Copyright © 1983, 1996, 2002 by Biblica Inc.™.
Verwendet mit freundlicher Genehmigung des Brunnen Verlags.
Alle weiteren Rechte weltweit vorbehalten.

© 2014 Gerth Medien GmbH, Asslar,
in der Verlagsgruppe Random House GmbH, München

1. Auflage 2014
Bestell-Nr. 816986
ISBN 978-3-86591-986-1

Umschlagfoto: Shutterstock
Umschlaggestaltung: Yannick Schneider
Satz und Gestaltung: DTP Verlagsservice Apel, Wietze
Druck und Verarbeitung: GGP Media GmbH, Pößneck